读懂经典 丛书（第二辑） 主编：方立天

国慧人文书系

黑格尔
哲学全书·第三部分
《精神哲学》浅识

曹 音 著

SJPC
上海三联书店

"读懂经典"丛书总序

　　我们相信,每位开始阅读眼下这套典籍的朋友必然会有如下期待:通过"读懂"一部部经典,能浴身于古往今来东西方文明长河中的人类不灭的智慧之光。为此,我们郑重地承诺,将百倍努力,上下求索,像推介曹音先生"经文释疑"这一开卷之篇一样,会将更多的文翰精粹、圣贤述作推荐于诸位面前。人生在世,经典是必须读的,因为经典是文明的沉淀、历史的结晶,是文化的"舍利子",会像雅典娜透射出奥林匹斯的神采,会像孔夫子、柏拉图的头颅散发出不灭的思想火焰,会像青铜器上的饕餮纹或帕台农神庙叙述着先祖们的生生不息的传奇。经典又是必须"读懂"的,为此,必须有更多的学者来帮助进行"释疑""考疑"和"驱玄""去芜"的解读工作,使每一部真正的经典经过解疑解惑如日之光、月之华一般穿越时空、照彻心灵,并辉映生命旅途。确实,由圣者哲人的智慧之光陪伴,这将是一件何其快哉的事啊!我们会由此而变得比他人更聪慧、更智谋、更高尚,因而也更具力量。

方立平

作 者 前 言

黑格尔的《哲学全书》分为：逻辑学、自然哲学、精神哲学三部分。逻辑学阐述范畴纯概念及其规律和运动，范畴纯概念可以看作组成绝对精神的框架结构；自然界是绝对精神的外化，自然哲学阐述逻辑纯概念的外在化，即自然界的规律；人的精神也是绝对精神的外化，精神哲学阐述人的精神如何从主观精神上升到客观精神，最后达到绝对精神；所以，自然哲学和精神哲学都可以看作是一种应用哲学。《精神现象学》是《哲学全书》的导言，它分析了人的意识如何从最初的"感性确定性"，经过各种意识形态一步步发展到哲学的概念认知，达到了这种认知，精神就发展到它的最高形态，即具备了认知绝对精神的资格。因此可以说，由《精神现象学》《逻辑学》《自然哲学》《精神哲学》四部著作构成了黑格尔完整的哲学体系。

《精神哲学》由主观精神、客观精神和绝对精神三部分构成。关于第一部分的"主观精神"，黑格尔指出，首先，精神作为单纯的自然定在，它存在于人的躯体中，因而密切依赖躯体，所以它是人类学的对象；其次，就精神涉及外在对象而言，它是对外在对象的显现，即关于意识的学说，所以它是现象学的对象；最后，就它始终停留在精神的概念而言，是真正的心理学，它考察理智本身，它是处于感觉领域的实践精神。

关于第二部分的"客观精神"，黑格尔分析了"法""道德""伦理""国家"。黑格尔认为：法是约束个人自由意志的"他律"，其目的是保护一切人的自由；道德不能是纯粹的"为义务而义务"，行善必须同时是福利，否则道德就没有现实性，道德是约束个人自由意志的"自律"；伦理是主观精神和客观精神的统一，有了伦理精神，个人就无须选择要尽什么义务，个人把伦理精神作为自己的精神，在伦理精神的必然性里，个人能实现他的自由；国家是伦理精神的现实存在，是伦理精神的完成，成为国家成员是个人的最高义务。在这部分里，黑格尔还分析了历史，他认为民族的历史必然过渡到普遍的世界历史，世界历史中存在理性，这个理性就是绝对精神。

关于第三部分"绝对精神"，黑格尔分析了"艺术""宗教""哲学"。艺术、宗教、哲学都是绝对精神的表现，艺术以感性外在的形式表现绝对精神，宗教以表象的形式表现绝对精神，哲学则是用概念的形式把握绝对精神，所以哲学是人类把握绝对精神的最高形式。

客观地说，《精神现象学》已经包含了《精神哲学》的主要线索和轮廓，但两者还是有所区别的。《精神现象学》分为意识、自我意识、理性、精神、宗教、哲学六部分，《精神哲学》分为主观精神、客观精神、绝对精神三部分。《精神现象学》中的"意识、自我意识、理性"对应于《精神哲学》的"主观精神"，《精神现象学》中的"精神"对应于《精神哲学》的"客观精神"，《精神现象学》中的"宗教、哲学"对应于《精神哲学》的"绝对精神"。与《精神现象学》相比，《精神哲学》对"主观精神"阐述篇幅非常大，几乎占到全书的四分之三，其中以灵魂为考察对象的"人类学"约占全书的二分之一，由此可见，黑格尔在《精神哲学》中意图重点考察人的"主观精神"，因为"主观精神"是构成"客观精神"的基础，而"主观精神"和"客观精神"的统一，构成了达到"绝对精神"的阶梯。

在《精神现象学》中，黑格尔只把"宗教"和"哲学"归为"绝对精神"，尚未把"艺术"归入其中。而在《精神哲学》中，"绝对精神"包括艺术、宗教、哲学。显然黑格尔意识到,艺术、宗教、哲学都是对"绝对精神"的表现,只不过它们的表现形式有区别,艺术是感性直观的形式,宗教是表象形式,哲学是以概念的形式把握绝对精神。

另外,黑格尔在 1817 年出版了《哲学全书》之后,于 1821 年出版了专门阐述客观精神的专著《法哲学原理》。他单独讲授客观精神中"世界历史"的部分,被后人整理为《历史哲学》出版。由于《精神哲学》对客观精神阐述的比较简略,读者可以参阅这两本书。再者,黑格尔生前对艺术、宗教和哲学做了大量的讲演,这些讲演被后人整理出版,这就是《美学》《宗教哲学讲演录》《哲学史讲演录》,这些书对理解《精神哲学》中的绝对精神有帮助,读者可以适当选读。

黑格尔在《精神哲学》的最后提出了关于哲学的三个推论,他认为《哲学全书》所论述的逻辑学、自然哲学、精神哲学都可以充当推论的中介,这就表明他的哲学体系是一个自洽的、可以循环运动的圆圈。正因为如此,欲全面了解黑格尔的哲学思想,必须阅读他的《精神现象学》《逻辑学》《自然哲学》《精神哲学》,只有阅读完这四部书,你才能理解为什么黑格尔哲学是西方哲学史上一个很难逾越的高峰。

我的这本书既然是"浅识",就是个人浅显的认识,它可能对理解黑格尔的《精神哲学》有帮助,那是我的荣幸。由于本人学识和外语水平有限,本《浅识》难免有错误不当之处,恳请读者原谅。

本书的出版得到贵州大学教育发展基金会的赞助,本书的写作也得到贵州大学中外比较哲学研究所同仁的鼎力相助,在此特表示衷心的感谢。

曹音　2021 年 7 月
于贵州大学中外比较哲学研究所

目　录

哲学全书·第三部分　精神哲学

哲学全书·第三部分
精 神 哲 学

绪　论

§ 377

古希腊德尔菲神庙上的神谕"认识你自己",它所要求的是"对于人作为精神本质自身的知识"。精神哲学要探究的精神,是人的精神,这个精神构成人的本质,因而精神哲学就是关于人的精神的哲学,是人的一种自我认识。因此,精神哲学的目的与德尔菲神谕的要求是一致的。

关于精神的知识是最具体的,因而是最高和最困难的。精神哲学必须同有限精神观区别开。首先必须同那种探究个人的特殊能力、性格、倾向和弱点的自我认识区别开,精神哲学是关于人的精神本质的自我认识。

附释:抽象的逻辑理念在《逻辑学》中已经阐明了,精神哲学研究的,是理念在它自身实现的过程中的具体形态,所以对精神的考察,是把精神理解为对绝对理念的一种摹写,比如绝对理念中包含有万有引力,人类精神就是对万有引力的认知,这种认知就是一种摹写。

德尔菲神谕要求"认识你自己","认识你自己"就是对人类精神的把握,而哲学的目的只是:精神在一切事物中认识自己。对这个目的,东方人没有达到,希腊人没有达到,只有基督教才提供了这种可能性。

精神哲学必须同"人性知识"区别开。所谓的人性知识只是研究精神东西的偶然的、无关紧要的、不真实的实存,而未深入精神本身,人性知识只有在对人的精神本质的认识的前提下才有意义。这种知识对哲学是无关紧要的。

§378

精神哲学必须同"理性心理学"(灵魂学)区别开。理性心理学研究灵魂的形而上学的本性,把灵魂作为一种"物"看待,因而灵魂就被认为是占有空间的,并可借助感官加以表象的。理性心理学试图在复合性、时间性、质的变化和量的增减的范围内,追问灵魂的本性,并推论出灵魂不灭(详见《精神现象学》)。这种研究方法表明它始终是一种有限的精神观。

精神哲学必须同"经验心理学"区别开。经验心理学以具体的精神为其对象,它以观察和经验为其方法,因而一方面,它固然排斥了理性心理学的形而上学成分,但它自己缺少具体的规定和内容;另一方面,它用"力"来解释精神,而排斥思辨的考察。反之,精神哲学的主要目的是把概念引入对精神的认识,是对精神的思辨的考察。因此,精神哲学与经验心理学是有区别的。

附释:理性心理学追问灵魂是否单纯的,是否非物质的,是否实体等,这些追问表明它把精神看作一个"物";同时,"单纯、物质、实体"这些范畴被理性心理学看作是静止的和固定不变的。思辨哲学既不把精神看作被给予的表象,即"物",也不用范畴来规定精神。思辨哲学认为,精神是活动,精神是观念性,精神通过自我显现的诸形态而有其现实性,精神是与躯体联结在一起的。因此精神哲学与理性心理学有区别。

与理性心理学相反的是经验心理学。经验心理学把精神的各种显现看作一种"力",精神是各种力的聚集体,力与力处于交互作用中,因而它们的联系就是外部的联系。虽然经验心理学也要求精神"应该"有统一性,但只是"应该",它没认识到精神的本原的统一性，更没认识到精神的概念。所以精神哲学与经验心理学有区别。

§ 379

精神的统一性是反对把精神分裂为各种不同的"力"，反对把精神设想为各种不同的活动。但精神中的确存在对立，比如精神的自由与精神受对象牵制这种对立，灵魂与躯体的对立等，这些对立需要我们用概念加以理解。知性只看到它们的对立，看不到它们的同一性，因而产生了混乱。思辨哲学对解决这些矛盾就是必要的。

附释：上述有限的精神观，现在受到两方面的排挤，一方面是哲学，另一方面是动物磁力现象。说到哲学方面，思辨哲学已经超越了对精神的单纯反思的有限考察方式，提高到了把精神理解为现实的理念，提高到了自身有区别又回归统一的精神概念。说到动物磁力现象，那是奥地利医生梅斯梅尔发明的一种学说，他认为人可以以"动物磁力"的方式向他人传递宇宙的力。"动物磁力"说是对上述有限的精神观的否定。如果以为动物磁力说比哲学更高级，那是愚蠢的，但这种学说使得精神摆脱了时间和空间的束缚，这是可取的。"动物磁力说"使得通常的心理学有必要进展到思辨哲学。关于这种学说，黑格尔在正文中有分析。

当精神完满地意识到它的概念，也就是达到对绝对精神的认识时，精神就回复到它的开端，即回复到《逻辑学》，逻辑学的范畴纯概念就是绝对精神的框架结构。

§ 380

在自然界里，物质与运动有其实存，所以作为物体的规定性，感官能感觉到它们。但精神的每个阶段并没有这样的实存，精神的低级阶段实际上已包含了高级阶段的规定性,因此我们在考察低级阶段时,必须考虑到它里面有高级阶段的规定性,低级阶段只是高级阶段的一个环节而已。

一、精神的概念

§ 381

精神是什么?要了解精神的规定性,必须同自然的规定性加以比较。这样我们就能看出,精神与自然的不同在于,自然是实存性,精神是观念性。

对我们来说,精神以自然为前提,但精神是自然的真理,因而是绝对第一性的。在这个真理中,自然消逝了,而精神表明自己是自为存在的理念。在理念里,概念是主体,概念外化为实存,这个实存是外在客体,外在客体被扬弃,回复到概念,这样概念就完成了自身同一性。比如玫瑰花概念,它外化为具体的红玫瑰、黄玫瑰、紫玫瑰,但一朵玫瑰不等于玫瑰花概念,如果它就是玫瑰花概念,那么其它的玫瑰花又是什么呢?所以要扬弃具体玫瑰花的外在实存,回复到玫瑰花概念,这样玫瑰花概念就是与玫瑰花实存的同一性。因此,这个同一性是绝对的否定,也就是否定之否定,概念外化为实存是第一次否定,扬弃实存回复概念是第二次否定。

附释:精神是现实的理念,哲学必须证明精神是逻辑发展的结果。在这个发展的过程中,逻辑范畴和自然都是先行于精神的,现实的精神以逻辑为最初的前提,以自然为最接近的前提。关于精神以逻辑为最初的前提,"主体、客体、概念、实存、同一性"这些范畴纯概念是我们思维的基础,是精神发展的可能性,这在《逻辑学》中已经分析过了,所以精神的发展必须以逻辑范畴为最初的前提。

关于精神以自然为最接近的前提，我们知道任何一个规定性都必须与另一个规定性相比才是规定性，所以为了对精神做出规定，就有必要同自然的规定性相比较。自然的东西具有空间性和时间性，都是相互外在的实存，它们的关系是一种外在的联系，因此统治自然的不是自由而是必然性。但自然界的一切东西都在努力克服外在性，比如，行星虽然为太阳所吸引，但它们仍然具有独立于太阳的力，这个矛盾表现在它们的绕日运行；植物的生长虽然是向外扩张，每个阶段有每个阶段的形态，但最终是回归自我的统一性，橡树种子最终长成橡树而不是槐树；动物的外在肢体尽管各司其职，但归大脑统摄，它的进食也是把食物消化为自己的生命，是对外在性的克服。但是自然界里的这些对外在性的克服还不是完全的克服，只有精神对外在性的克服才是真正的克服，精神把自己与自然区分开，精神这种对外在性的扬弃，我们称之为精神的观念性。

如果再进一步考察精神，就会发现精神最初的和最简单的规定就是：精神是自我。自我是一个简单的、普遍的东西，每个人都是自我。但"自我"又是一个自身内有区别的东西，因为自我是自我意识，就是把主体的自我与对象的自我对峙起来，使自己成为自己的对象，并从这种对峙回复到统一，意识到对象的自我就是主体的自我。自我的这种区分自己，就产生了观念性。但这种观念性只有在自我面对外在东西的关系中才得到证实，也就是说，当自我抓住这些外在东西时，这些外在东西就被观念化，成为思想，从而作为一个定在进入精神中。这就是个人的主观精神对外在事物的观念化。但这样的观念化是片面的，因为它是以一种外在的方式进行的，这种外在事物与自我是对立的，自我只是完全被动地进行着观念化。只有达到哲学思维，精神才最终完成对事物的观念化,因为精神认识到,事物所呈现的是构成事物共同原则的永恒理念,从而认识到,精神将事物观念化与永恒理念扬弃事物的外在性是完全同一的。这样,精神就使自己完全把握了现实的理念,并因而抵达了绝对精神。

关于外部自然与精神的区别以及关系,就说这么多。我们说精神产生于自然,这并不意味着自然是第一性的,精神似乎只是一个为自然所设定的东西。其实自然是被精神设定的,精神是绝对第一性的。说逻辑和自然是精神的前提,那是精神为自己建立的前提,精神才是逻辑和自然的真理。自然向精神的过渡,只不过是精神达到自己本身而已。自然本身并没达到精神,只有人才是思维着的精神,正唯如此,人才在本质上区别于自然。

§382

精神从其形式看就是自由,根据这个形式规定,精神能从外在东西中抽象出来,能从自己的外在性定在即躯体中抽象出来,能忍受对其躯体的否定,而且能在这个否定中保持精神与躯体的同一。这种可能性是精神抽象的、自为存在着的普遍性。

附释:精神是自由,即是说,精神对他物不依赖,这种不依赖性并非逃避他物,而是克服了他物。精神能够在自身里建立区别,建立一个不同于自我的他物,因而建立起一个否定物。这种与他物的联系是必要的,因为精神通过他物并扬弃他物的实存,才证实自己是对外在东西的观念性,证实自己是从他物向自己回复的理念。自然中的任何东西,只要自身内存在矛盾就要毁灭,比如改变黄金的比重,黄金就不存在了。但精神能承受自身内的矛盾,因为精神能扬弃矛盾双方的对立,这种能动性就构成精神的自由的基础。自由并非精神里现存的东西,而是通过精神的活动产生的,因此哲学必须把精神看作它自己创造自由。

§383

既然精神是观念性,精神的规定性就是"显示"。精神是自我显示,因此精神的可能性是现实性。这说得很抽象,要看附释的解释。

附释:前面我们把精神规定为"观念性",即扬弃对象的外在客观性,建立为概念。这个概念必然要在思想中显示出来,"显示"不是精神的另一个规定性,只是"观念性"规定的一种发展。比如,我们看到一朵花,我们在大脑中建立了花的概念,这个概念就不是现实的花,而是观念性的东西,它必然在我们的精神中显示出来。逻辑范畴就是扬弃了事物的实存而抽象为纯概念的,这是逻辑范畴的自我显示。精神也是自我显示,这个自我显示体现在两方面:一方面是自我意识,自我把自己建立为对象,这个对象就在自我中显示出来;另一方面是对象意识,精神把外在对象建立为内在的概念,这个概念在自我中显示出来。自我意识和对象意识表明了精神的本质,这个本质就是能把对象建立为内在概念,并将这个概念向自我显示出来。因此,精神是自我显示。通常人们把"显示"看作形式,"显示"是用来显示"内容"的。但精神的显示是形式和内容的统一,因为显示的内容是精神自己建立的。基督教的上帝精神是内容,耶稣基督是显示,两者形式上有别,但耶稣的死是回归上帝精神,所以两者又是统一的。通过这个例子有助于理解精神的形式与内容的统一。一般我们把可能性理解为尚未显现的东西,但精神只有靠"显现"它才是存在,所以§382中谈到的精神的可能性就是它的现实性。当然,有限精神尚未达到绝对的现实性,绝对精神才是完满的现实性。

§384

精神的显示首先是逻辑理念的显示,这就是《逻辑学》中的范畴纯概念。范畴纯概念生成自然界,自然界是精神的映现,精神通过显示把自然界建立为它的存在,在这种存在里,精神给自己以肯定和真理。

说明: 绝对也就是上帝,上帝是精神。上帝在基督教里是表象,给予这个表象以本质,即以概念把握上帝,这是哲学的任务。

附释: "显示"是精神的一个规定性,显示有三种形式:

第一种形式是《逻辑学》中的范畴纯概念,这种纯概念必然要外化自己,这个外化就是生成自然界。

第二种形式是人的有限精神。在这个阶段,精神与自然是对立的,自然是精神的对象,精神把自然接纳到自身中形成概念。但由于精神始终受自然的牵制,所以精神还只是有限精神。

第三种形式是绝对的知。达到绝对的知,精神就扬弃了自然的牵制,达到自在自为的存在,即达到了绝对精神。因为自然界和人的有限精神都是绝对精神自己设定的他物,绝对精神就是显示着自己的精神,它的概念和现实性就达到了绝对的统一。

绝对即上帝不仅是精神,而且是绝对地显示着自己。东方宗教包括犹太教,还停留在上帝精神的抽象概念上;希腊宗教只是感性直观(诸神的雕像和神话),尚未在思想里被把握;唯有基督教,上帝精神才以统一性的形式显示出来。哲学必须把表象提高到概念,或提高到绝对的知,绝对的知就是上帝精神的显示。

二、划分

§385

精神的发展分三个阶段:

1. 主观精神,这是指与自己相联系的形式中的精神,即个人的精神。

2. 客观精神,这是指有实在性形式的精神,是主观精神表现于外部世界的精神,也就是意识形态,包括法、道德、家庭、社会、国家等制度和组织。

3. 绝对精神,这是主观精神和客观精神的统一,包括艺术、启示宗教和哲学。哲学是绝对精神发展的最高形态。

附释: 精神最初只是自在的,它成为自为的过程就是它实现的过程。只要精神处在与外在他物的联系中,它就仅是主观的精神。如果精神使自己达到自为存在,它就是客观精神。客观精神的缺点在于它只是被设定的客观性,它必须从这种设定中解放出来,这就是精神的第三阶段——绝对精神,绝对精神包括艺术、启示宗教和哲学三个环节。

§386

主观精神和客观精神这两部分属于有限精神。之所以说它们是有限精神,因为它们都受一个外在东西的牵制,主观精神受外在对象的牵制,客观精神受意识形态的牵制。但精神毕竟是无限的理念,有限性与理念是不相称的。由于这个外在牵制是精神自己设定的,精神必然会扬弃这个外在设定,达到自由的本质。这种活动是有限精神必然要经历的不同环节,这个经历使精神自己解放自己,最终达到真理的知。

说明: 知性坚持有限性观点,认为超出有限是思维的狂妄。但超出有限性,达到无限的自由,这是精神的本质。

附释: 主观精神和客观精神还是有限精神。但这种有限性不是固定不变的,有限性只是精神发展过程中的一个环节,精神必然扬弃自己的有限性,达到无限性。当我们知道一条界线的存在时,我们实际上已经超出了这个界线,证明我们已不受这个界线所限制。精神在它的有限里始终是无限的,因为它是观念性的,所以它能超越它的有限性,使自己成为真正的无限性。

第一篇　主　观　精　神

所谓主观精神,按黑格尔的说法,就是"精神还在其未发展的概念中,还没让概念成为自己的对象",意思就是,概念尚未成为客观性的东西。主观精神哲学的对象是个人意识,它描述了个人精神从最初与动物意识没什么本质区别的自然灵魂,直到成长为具有理论和实践能力、企图使外部世界服从自己自由意志的必然发展过程。

§ 387

精神作为观念性的东西,是认识着的精神。认识在这里不单是《逻辑学》里的范畴纯概念,而是具体的精神促使自己去进行的认识。主观精神分为三个阶段:

1. 自然灵魂,它是自在的或直接的,是人类学的对象。

2. 意识,它是自为的或间接的,是自己内在东西和他物内在东西的同一,是在关系中的精神,它是精神现象学的对象。

3. 自为的主体,在自己内规定着自己的精神,它是心理学的对象。

意识在灵魂中觉醒,意识设定自己为知的理性,意识通过自己的活动向着客观化、向着概念意识解放自己。

说明:精神和《逻辑学》中的范畴纯概念一样,它的规定性是发展的,它的目标是成为自在自为的精神。普通心理学研究灵魂是什么,灵魂里有什么在发生,灵魂在做什么,它的考察方式是陈述灵魂在主体上出现的种种表现,据说根据这些表现,就能认识灵魂。但普通心理学没意识到,灵魂的表现在概念里有一个更高级的规定性。就精神本身的哲学观点而言,精神自身按照其概念是自我发展的,而种种表现则是它的自我显示,这样精神才是现实的。

附释:精神被区分为三种形态:主观精神,客观精神,绝对精神,并且是从主观精神通过客观精神向绝对精神进展的必然性。第一个精神形态之所以称为主观精神,因为在这里精神还在其未发展的概念中,还没有使概念成为自己的对象。但是,精神在它的主观性里同时是客观的,具有某种实在性,继而精神扬弃这种实在性,成为自为的,最后达到概念的把握。因此,主观精神与客观精神的区别不是一种僵硬的区别。从一开始我们必须不把精神看作单纯的概念,即仅仅是一个主观的东西,而必须把它看作理念,即主观与客观的统一。

主观精神又分为三种形态:灵魂,意识,精神本身。精神作为灵魂具有抽象普遍性的形式,作为意识具有特殊性的形式,作为自为存在的精神具有个别性形式。

灵魂是直接的自然精神,灵魂存在于躯体,带有形体性,因而它的实在性是一种为自然界所给予的实在性,所以灵魂是人类学考察的对象。

意识最初是对象意识,对象在我之外,精神只是外在对象的映现。继而自我把自己作为意识的对象,就有了自我意识。自我意识把对象纳入自身,进一步扬弃自己的主观性,使主观思想成为客观思想,这就是理性。意识是精神现象学考察的对象。

最后是精神本身，即概念认识。达到概念认识也就达到了真正主客观的统一，并具备了向意志的过渡条件。精神本身是心理学考察的对象。

第一章　人类学　灵魂

灵魂是人类学的对象,灵魂是内在于躯体的,但它又要扬弃躯体的外在性进入精神的观念性。

§ 388

精神是自然的真理,精神对于自然是第一性的,精神以自由意志支配自然。自然在时间上固然先于精神,但精神在逻辑上先于自然。这个理念对人类的意义在于,精神不再是外在的空洞的普遍性,而是人类内在的普遍性,这个普遍性就是灵魂,不过现在灵魂还不等于精神。这里所说的精神就是灵魂,自然就是躯体,人一出生是先有躯体,然后才有灵魂,但灵魂是支配躯体的东西。

§ 389

通常对灵魂的规定是这样的:灵魂是非物质的东西,是自然界里普遍的观念性的生命;灵魂是实体,是个人承载精神的基础,精神通过灵魂贯彻到躯体,灵魂与躯体是同一的。但是,灵魂在这些抽象的规定性中仅仅是休眠的精神,仅仅是精神的可能性。

说明:如果用"非物质"来规定灵魂,表明你把物质看作真实的东西,把精神也设想为一个"物"。以前判断物质与非物质是看它有没有重力,近代物理学已经不再以重力为物质的唯一标准。热和光没有重力,它们在其他物体上显现自己,因而它们有实在性,所以被看作是物质。生命也没有重力,但躯体显示了生命的实在性。但是,作为概念的精神,它的实在性不是作为某个个别的"物",它的实在性就是普遍性,比如"杯子"这个概念,可以适用于世界上所有现实的杯子。物质不具有真理,精神是物质的真理。所以把灵魂规定为"非物质"没有意义。

与此相关的问题是灵魂与躯体的协同性。认定灵魂与躯体有协同性,这就首先假定了灵魂与躯体是两个彼此独立的"物",既然是两个彼此独立的"物",就是彼此外在,两者之间不存在贯通,因而也谈不上协同性。灵魂与躯体的关系类似于神与自然界的关系。伊壁鸠鲁说神不居住在自然界,神与自然界没有协同性。笛卡尔、马勒伯朗斯、斯宾诺莎、莱布尼茨这些哲学家以同一性解释神与自然界的关系,这就引出了灵魂与躯体的对立。他们都没能看到,作为概念的精神会自我发展,外化出自然界。

附释:我们在导论中已经指出,物质是不真实的,自然界就是要扬弃它的物质性过渡到精神。灵魂被规定为"非物质",被规定为实体,被规定为思维与存在的统一。但是,精神不能停留在这种统一上,精神必须把自己区分为灵魂和躯体,再把这种区分回复到两者的统一,唯有这样,精神才能摆脱它作为灵魂所处的休眠状态。以往的哲学都没看到概念自身的发展,都没认识到物质是精神外化出来的,思维与存在的统一就是精神外化为物质。因而当对灵魂与躯体的关系进行反思时,就把灵魂与躯体对立起来,也就是把主观的自我与客观的躯体对立起来,把两者看作彼此独立、互相对立的"物"。既承认躯体的存在,又承认灵魂的存在,这就把两者认作有同样实体性的"物"。这种思考方式也支配着旧形而上学,旧形而上学尽管承认物质与非物质的对立,但他们追问灵魂的所在地,这就把灵魂放入空间中;追问灵魂的产生和消失,这就把灵魂放入时间中;追问灵魂的属性,这就把灵魂看作某种结合了诸属性的固定不变的"物",这实质上就取消了物质与非物质的对立。莱布尼茨把灵魂看作单子,这实质上提高了物质,贬低了灵魂。

《小逻辑》使我们超越了纯粹反思的思考方式,告诉我们所有这些应用于灵魂的抽象规定性都是不真实的。《自然哲学》向我们揭示出,具有感受性的人类拥有灵魂,灵魂统摄躯体,因而一切物质相对于精神是非独立的,是被精神所扬弃的。至于灵魂与躯体的协同性是否可能的问题,如果既认为灵魂与躯体是两个独立的"物",又承认两者间存在着协同性,那么这个问题是不可能解决的。正像普遍性统摄特殊性那样,灵魂是统摄躯体的。唯物主义把思维描述为物质的产物,他们完全忽视了:精神能使自己从自在存在达到自为存在,能从概念外化出实存。尽管如此,唯物主义把物质看作真实的,把思维看作不真实的,这种取消二元论的热情还是值得肯定的。

§390

下面我们要考察的内容分为三部分:自然灵魂,感觉灵魂,现实的灵魂。

附释:自然灵魂只是一种存在,还不是定在,还没任何规定性。自然灵魂这部分又分为三节:第一节是种族差异;第二节是个体化的灵魂,主要考察灵魂在年龄中的自然变化;第三节是灵魂与躯体回归统一,因而灵魂通过躯体获得了感受。

一、自然灵魂

自然灵魂是"在其直接的自然规定中"的灵魂,对于它,我们只知道它仅仅存在着。这是一种无区别、无联系的意识状态,对于这种灵魂来说,没什么东西在它之外,一切都在它之内。外部世界对它的刺激所引起的规律都表现为它自身的规定。这些规定就是：自然的质、自然的变化、感受。

§391

自然灵魂是人畜直接具有的普遍的灵魂，这种灵魂能意识到自然界的种种现象，但并不把这些自然现象作为外在的对象来看待，也就是说，外在自然现象作为自然的质会对灵魂产生影响。

附释：外在自然现象对灵魂产生影响，成为灵魂的规定性，这就是灵魂自身具有的自然的质。

（一）自然的质

§392

灵魂在自然生活中，经历着气候差别、季节、一天内时段的更替等变化，使得精神产生一种模糊的情绪。

说明：动物生活在自然中，必然或多或少地与自然有联系，随自然的变化产生不同的情绪。人越是有文化，他的精神就越自由，因而与自然的联系就越失去意义。落后迷信的民族，他们的情绪脆弱、智力低下，因而更注重与自然的和谐，受自然变化的摆布。随着对精神自由的深入理解，人类受自然摆布的情绪逐渐消失，但动物和植物则始终被束缚在自然中。

附释：自然生活也是灵魂的生活，灵魂随自然的变化而产生波动。但是如果我们把灵魂与自然的这种共通作为精神哲学的最高对象，那是错误的。因为精神本质上就在于超越自然生活的束缚，把握自己的独立性，使自然从属于思维，根据概念来创造这个世界。

植物受四季更替的束缚，动物也受这种更替的影响，比如四季更替会驱使动物交配或迁徙等。地球的运转虽然对人有些影响,但对精神是无关紧要的,并不影响人的灵魂。

古代的人是迷信的,占星术把人的命运与星球的位置联系起来,但星球的运行自有它自己的规律,对于精神没有任何意义。古代希腊人和罗马人也依赖自然变化决定国家事务,比如雅典和斯巴达联军与波斯入侵军决战前,曾向动物的内脏请教胜败,迷信使得他们放弃了自己的独立性,转而从属于外部自然的决定。但随着对精神自由的深入理解,现代人则更倾向于由自己的主观意志决定自己的行动。

§393

自然精神的特殊化,就是种族差异。

说明:由于地球南北地理构造的不同,北半球陆地比较集中,南半球陆地分散,这就造成动物与植物的变异性差异。

附释:说到人种的差异首先必须指出,人种起源于唯一的双亲还是起源于多数的双亲,这不是我们研究的对象。人们之所以重视这个问题,是因为人们相信,如果人种起源于多数双亲,说明某一人种比其他人种优越,因而某一人种有权统治其他人种。但人自在地是有理性的,一切人都是平等的,把人类区分为有权统治和被统治是毫无价值的。人种的区别只是一种自然灵魂的区别,这种区别与不同的地理分布有关联。

地球上各大陆的区别与地球的构造有关,这种区别是必然的,因而就造成人类在体格和精神方面的种族差异。生理学把人类分为高加索人(白种人)、埃塞俄比亚人(黑种人)、蒙古人种(黄种人),以及马来人种和亚美利加人种。他们的体格区别表现在头颅和面孔构造上。他们的精神区别是这样的:

黑人是天真的儿童民族,他们不求私利,不关注利害。他们的宗教是幼稚的,把石头当做神,当神不能帮助他们时,他们就抛弃它。他们有时心平气和,有时激动暴戾。他们接受基督教,但基督教并没成为他们的内在文化。黑人的国家通行专制政体,没有对人格的感觉,精神在那里始终没取得任何进步,因而与无区别的非洲大陆很相称。

蒙古人超出了黑人的幼稚天真,他们具备一种不安定的移动性,这种移动性促使他们像蝗虫群一样伸展到其他民族,除了给其他民族带来暴乱,什么也没留下,接着又让那里处于麻木不仁的沉静。蒙古人身上显示出崇高东西与狭隘迂腐的截然对立,他们的神被崇敬为普遍性,但他们又不能容忍这个神是不可见的神,于是他们让神以人的形象出现。西藏的活佛就是这种人身的神,神死了僧侣们就在人群中再找一个,这些神一个接一个地享受人们的崇敬。印度人把人看作神,这种人就是婆罗门,他们把人的精神退回到暧昧性中,将之看作神性。在亚洲人种中,精神已开始觉醒,开始与自然分离,不过这种分离还不是真正的分离,精神还不是绝对的自由,因此精神还借居在个体性的形态中。与此相关联的是对死者的崇拜,在这种崇拜中包含一种对自然的超越,因为死者的自然性已经灭亡了。但是,在亚洲人那里,普遍性一方面作为抽象的东西,一方面又直接在实存中被直观到,比如在印度人那里,河流、山脉,各种动物都是神。因此在亚洲,精神一方面与自然分离,一方面又重新陷入自然之中,在精神与自然的这种同一性中,精神真正的自由是不可能的。人在那里达不到对人格的意识,个体性的人完全没有价值和权利。

精神在高加索人那里达到了自己的绝对统一,精神进展到与自然的完全对立,掌握自己的绝对独立性,实现自决和自身发展,并因此而创造了世界历史。蒙古人像洪水一般,洪水来得快也退得快,只有破坏作用,什么也没建成,没产生世界历史的进步,这种进步是由高加索人实现的。高加索人区分为近东人和欧罗巴人,即伊斯兰教徒和基督教徒。伊斯兰教克服了犹太教的狭隘原则,他们的神不像东方的感性实存,而是被理解为唯一的无限的力量。中东阿拉伯人的性格,对一切有限的东西、一切痛苦,对自己的生命和财富都不吝惜,他们的勇敢和慷慨值得认可。但他们的精神即普遍性还没达到特殊化,因而没有具体的形态。虽然阿拉伯人的等级制度被消灭了,每个穆斯林都是兄弟,都是自由的个体,可他们的政治生活还没区分为特殊的权力机构,还是政教合一的。阿拉伯人一方面有一种崇高的精神,使他们超越主观的目的,另一方面又以无节制的冲动追逐目的,因而他们往往出于目的而施行复仇或阴谋诡计。与之相反,欧罗巴人则以具体的普遍性或思想为自己的原则和性格。基督教的上帝不单是唯一的神,而且是三位一体的神,三位一体就包含着差异、人身和启示。在基督教里,普遍与特殊、思维与存在既是对立的,也是回归统一的,因此欧罗巴精神是自我意识的理性。欧罗巴精神把世界放在自己对面,使自己从世界中解放出来,扬弃这种对立,使自己与世界达到统一。因此欧罗巴精神是无限的求知欲,使自己在世界的种种特殊化中看到类、规律、普遍、思想、内在合理性。欧罗巴精神在实践方面正如理论方面一样,追求自己和外部世界的统一。欧罗巴人以这种理性,摆脱了专制制度,建立了合理的自由发展的国家。

亚美利加人即原始印第安人,他们是正在消失和衰弱的种族,他们的文化不能与欧洲文化相比,因而也随之消失。此外,佩舍雷人(南美洲的土著人)和爱斯基摩人是迟钝的未开化人种。印第安人也是未成年的儿童,因此他们完全无法战胜欧罗巴人,欧罗巴人在征服了他们的土地后,建立了一种新的文化。

§394

人种的差异产生出地域精神,各民族的生活方式、从事的活动、身体构造和性格不尽相同,尤其在智力和道德上有很大区别。

说明:回溯各民族的历史,就会显示出各民族的性格差异。

附释:上一小节附释描述了种族差异,民族区别同种族差异一样是根深蒂固的。气候的恒久不变,会导致民族性格的恒久不变,现代阿拉伯人与古代阿拉伯人性格几乎没什么改变,因为中东地区的气候没什么大变化。民族性格与海的关系也很重要,非洲内陆被高山所包围因而与海隔绝,那里的土著精神始终没有开化,所以非洲人没有自由的冲动,忍受着奴隶制。但是单靠离海近并不能使精神达到自由,印度人尽管紧靠印度洋,但从上古以来就有海禁,因而他们无力摆脱种姓制度带来的等级划分。精神在欧洲人那里才真正从普遍性走出来,达到特殊化的丰富内容。

希腊人分为斯巴达人、第比斯人和雅典人。斯巴达人那里伦理实体占优势,所以他们过着无区别的生活,财产和家庭关系没得到应有的重视。在第比斯人那里,内心情感占优势,希腊大抒情诗人品达罗斯就是第比斯人。雅典人是斯巴达人和第比斯人的调和,国家权利和个人权利在雅典人那里达到完美的结合,可是正因为他们是斯巴达人和第比斯人的调和,因而产生出不同的哲学观点,比如,柏拉图把绝对视为理念,伊奥尼亚哲学则把绝对的自然和抽象的思想降低为理念的两个环节。

欧洲的基督教民族更是具备广泛的多样性,这些民族的基本特征是彰显自身的主体性。意大利人纯粹的个体性特别强烈,意大利女性为爱情而死并不罕见。意大利人举止优雅,他们的形体语言是个体性的表现。意大利人的政治生活也表现出个体性占优势,意大利分裂为许多党派,党派利益高于国家利益,因此他们的政治权力不能发展成巩固的、理性的形态,所以才会产生一部用来抵抗个人暴政的罗马私法。

西班牙人的个体性不如意大利人,他们更多地与反思联结在一起。西班牙人注重荣誉,他们的行为举止更符合国家原则。在宗教方面,意大利人不容许宗教妨碍自己的欢乐生活,而西班牙人狂热地坚持天主教教义,持续几百年通过宗教法庭迫害所谓的异端。在国家政治方面,意大利的国家统一至今还是个梦,然而西班牙的那些独立小国已经融合为一个国家。

如果说意大利人是感受的灵活性,西班牙人是表象思维的坚定性,那法兰西人既表现出理智的坚定性,也表现出机智的灵活性。法兰西人的社会教养极度文雅,他们以这种方式超越了自然人的野蛮和自私。他们的政治家、艺术家和学者表现出对个人和公众的极大尊重,但正是这种尊重时常蜕化为讨好。法兰西人是机智的,这种机智在肤浅的人那里是俗套,但机智也创造出像孟德斯鸠和伏尔泰那样才华横溢的思想家。法兰西人的语言有严格规范,因此成为政治文件和法律文书的典范。法兰西人的果断性在革命风暴中显露无遗,他们以这种果断性创立了新的伦理世界秩序,实现了新的政治生活的要素,但也因为他们把这些要素推到极端,他们的各社会阶层都被取消了。

英格兰人被称为理智直观的民族,他们不是通过普遍性,而是通过个体性去认识理性,因而他们的诗人比哲学家地位高。英格兰人主张个人独创,这种独创性不是来自自然,而是来自个人的思想和意志,每个个体都以自己为依据,经由个体的特殊性与普遍性相联系。因此英格兰人的政治自由主要表现为特许权即世袭,英国的各个城市和郡派代表到议会,在议会里主张自己的特许权,而不以普遍原理为根据。英格兰人以全民族的光荣和自由为骄傲,但这种民族骄傲主要以能贯彻个人特殊性为基础。英格兰人的经商倾向与个体性的坚忍不拔有关,在普遍性中坚持自己的个体性。

德意志人常以深刻但晦涩的思想家著称,他们想要了解事物的本性和必然性,因而他们极其系统地对待科学工作。德意志人比欧洲任何一个民族都更内向,他们在行动前总是详细地制定计划,始终难下决心,这导致行动迟缓,一事无成。德意志人做一切事情必须有合法的理由,这种对合法性的追求往往成为形式主义,这种形式主义在政治上表现为满足于用抗议来维护政治权利,结果对个人和对国家都没好处。德意志人注重官方的荣誉和称号,有称号就能获得尊敬,这种可笑的虚荣心,只有西班牙人对拥有冗长姓名的癖好能与之相比。

§395

现在我们要考察的是个体性的灵魂,个体性的灵魂就是自然规定性的灵魂,也就是人先天的不同的天性、气质和性格。

附释: 自然精神首先分离为普遍的人种区别,然后在民族精神里达到特殊化的区别,第三个阶段就是自然精神进展到个体性灵魂,个体性灵魂在人类学里是作为自然规定性予以考察的。

首先必须指出,孩子的特性在家庭中是被容忍的,一旦孩子进入学校,他的精神必须被引导而摆脱特性,接受普遍的文化。灵魂的这种改造,才称为教育。一个受教育越多的人,他行为举止中越少出现特性,越多体现普遍性文化。

天性是一种自然禀赋,天性与后天努力是对立的,属于这种自然禀赋的有才能和天才。才能只是技高一筹,天才有其独特的见解,因而天才在视野上比才能更广阔。可是天才和才能要不堕落,就必须加上后天的努力,只有通过后天努力,才能证实这种自然禀赋的存在。在哲学中，不经过严格的逻辑思维的训练，天才是走不远的。在意志方面，更没有道德天才，因为道德是普遍的东西。

气质与天性不同，它既不涉及伦理道德，又不涉及才能，也不涉及激情，因此我们最好把气质规定为个人如何工作、如何客观化自己、在现实中如何保持自己的普遍的方式方法。在文化高度发展的时代里，气质的差异几乎已看不到。古罗马医学家加仑把人分为：胆汁质、多血质、黏液质、抑郁质四种气质，前两种气质的人沉浸在事情中，后两种气质的人关注自己。多血质的人因事而忘己，在多样性的事中翻来覆去；黏液质的人能持久地集中在一件事上；胆汁质和抑郁质在关注自己上也有区别，胆汁质活动性占优势，抑郁质固定性占优势。

性格与气质不同，性格是永远地把人区别开的东西。人有性格，他追求的目标明确，一切活动都与目标保持一致；人缺乏性格，他的目标是摇摆不定的。只有实现伟大的目标，并且这个目标是内在合理的，这人才显示出他伟大的性格。意志若坚持在细节琐事，坚持在无意义的东西，这个意志就是固执。固执只有性格的形式，而无性格的内容。

前面我们分析了灵魂在质方面的三种自然规定性，我们还需指明它们的必然性。天性是先天的禀赋，是一种固定性存在；气质是可变性，一个人的气质可以从一种形式过渡到另一种形式；性格是固定性和可变性的结合，性格的固定性不像天性那么一成不变，而是一种可通过意志加以发展的固定性。

（二）自然的变化

§396

在个体的灵魂身上，会发生一系列的变化，首先是年龄的自然进程。在这个进程中,肉体和精神既是有别的,又是互相关联的,所以我们要对这种关联性进行考察。

在年龄的自然进程中,童年时期的灵魂中就包含着精神;少年时期的灵魂是不切实际的幻想;青年时期的灵魂是叛逆,认为外部世界是非真实的,自己才是真实的;灵魂能认识到外部世界是客观的和合理的,并且事业有成,这是成年时期;到老年时期,灵魂完全达到了主观性与客观性的统一,无所事事,摆脱了利益和时势对自己的纠缠。

附释:人的生命过程是个体性和普遍性的矛盾,个体性是个人价值观,普遍性是社会价值观,个体性适应普遍性,最终让普遍性在个体性中得以实现,这个发展过程就是教育。动物没有类的意识,它们是自在地即无意识地活在类的理念中。类真正实现是在精神中,在人类学领域,由于这种实现是发生在人的精神中的,它还具有自然的形式,这个形式就是年龄系列。年龄系列从个体的诞生,即个体与类的无区别的统一开始,到个体的死亡,即个体回归到类结束。年龄进程中的精神现象与肉体的变化是相关联的。童年时期是自然和谐时期;青年时期把外部世界看作偶然的和非真实的,把真和善归之于自己,但青年必须超越这种偏见,必须认识到世界才是实在的,而个体只是一种偶然,只有如此他才能找到自己的本质;达到了这种认识,青年就变成成年人,成年人作为成熟的人,把伦理世界秩序看作本质上完成的世界秩序,自己不是反对而是顺从这个秩序,这就达到了客观精神;老年人则是安于世事,与客观世界达到统一,因而对世事漠不关心。下面我们对年龄进程做进一步的分析。

童年时期分四个阶段,襁褓中的婴儿也包括在内。未出生的婴儿不具有个体性,他们只是持续地吸取营养,还不具备有节奏的呼吸。当婴儿出生后,他们就从植物状态转为动物状态,同空气和光发生关系，这一时期主要的变化是生长，但他们的灵魂也有精神表现，他们会用哭喊表达内心对外部世界的需求。这一阶段精神的发展，就是逐渐熟悉感性事物，从感受前进到直观的过程。从婴儿到儿童的过渡，就是他们开始感到自己是一个现实的人。首先是直立和行走，通过直立和行走，他们获得对外部世界更为自由的关系。语言使人把握普遍性，即说出"我"来，这种对自我的把握是儿童精神发展中一个极为重要之点，儿童开始从沉没在外部世界的状态中走出来，进而把自我映现到自身内。儿童从游戏过渡到学习，这个时期儿童变得好奇，他们同不同的表象打交道，产生一种觉醒的感觉，即他们还不是他们应该是的那种人，这种"应该是"是一种愿望，于是儿童产生模仿大人的欲望。模仿欲是儿童的自我教育，这时儿童身边必须出现某种权威，也就是家长向儿童提供模仿的范本。儿童应该学习的东西，必须是权威性的，必须让儿童感觉到那是一个比他高的东西，因此家长必须给儿童树立正确的榜样。进一步的教育就是管教，不能容许儿童有任性，儿童必须学会服从，学会控制自己。儿童的意志是不成熟的，家长必须将合理的意志强加给儿童，让这种意志成为儿童自己的意志。必须通过管教将固执和恶行在萌芽状态就消灭掉。教育的另一方面是授业，授业从字母开始，这是让幼稚的心灵接受最抽象的东西。之所以从最抽象的字母开始，是为了让儿童尽快从感性东西提升到普遍，达到思维，这在东方文字中是做不到的。这件事情在很大程度上是通过学校，学校构成了从家庭到社会的过渡。

进入青春期，灵魂开始追求普遍性，这就由儿童成长为青年。青年不再像儿童那样以父母为自己的榜样，而是转向对普遍实体即世界的追求。但青年的理想多少带有主观性，他不满于这个现存的世界，误以为自己负有使命，有能力去改造这个世界。青年看不到这个世界是现实的，看不到他的理想中其实已经包含着这个世界，因此他感到自己的理想和人格都不为这个世界所承认。这样一来，儿童时期自己与世界的和平被青年打破，由于不切实际的理想，青年自以为比成年人具有更高尚的思想和更伟大的无私。但必须指出，成年人已不再束缚于主观理想，而是投入到现实的理性中，青年必须经过历练，在实现自己理想的尝试中成长为成年人。在最初，青年觉得从自己的理想进入市民社会，是一种痛苦的向市侩的屈服，直到他们进入实际生活，并关心各种细节，他们才真正步入成年。但忙于细节是痛苦的，理想的失落使他患上怀疑症。人在这种病态中不愿放弃自己主观的理想，不能正视现实世界，因而处于一种无奈状态。人若不愿毁灭自己，就必须承认世界是一个完成了的世界，必须接受世界给他提供的条件，必须亲近这个世界以取得自己想要的东西。这种对世界的服从，人们通常以为是不得已的，但实际上这种与世界的统一并非不得已，而是合理的关系。合理的东西必有自己的权威，世界是神圣理性的实现，它就有这种权威性。成年人因为放弃了改造世界的意图，并力图与世界结合以实现自己的目的，所以他们的行为是合理的。世界的进步是每个人一点一滴的行为构成的，成年人经过一生的劳作，回头看世界，会发现世界已有进步。为此青年人必须在完成学业后，通过为他人工作而谋生。单纯的教育不能使青年人成熟，只有通过世俗的工作才能成为成年人。各民族的成熟也同样如此。

当成年人进入实际生活，他就慢慢失去改造世界的热情，他安居现状，使生活习惯于环境。成年人每天处理的事物虽然是个别的、变化的，但这种个别事物中具有普遍性、规律性，是合乎理性的事物。成年人处理事物越久，普遍性就越是从特殊性中凸显出来，而成年人处理事物也就越得心应手。久而久之，成年人因为不再有征服事物的快感,主体征服客体的兴趣逐渐减退,他工作的活力逐渐消失,随着肌体的老化,成年人终于步入老年。

老年人的生活缺乏兴趣,因为他已经放弃了早年的理想。老年人的思想只有对普遍性的认识,他生活在对往事的回忆中,记不住当前的事情,过去的经验教训却牢记在心,并认为自己有责任向年轻人唠叨说教。老年人的主观性已经与客观世界融为一体,这就又回到儿童时期,随着肌体的老化,生命进展到对自己的否定,即死亡。

人的年龄进程在一个为概念所规定的种种变化中,就这样结束了,这个概念就是类概念。

§397

灵魂的第二个自然变化,是性成熟,这就产生了性关系,性关系是男女两性的对立,是一个个体在另一个个体里寻找和发现自己。因而性关系中就有一种自然区别:女性注重家庭和家族,重视家庭伦理和爱,不关心国家、科学、艺术等普遍利益;男性关注自己的职责,意识到国家利益与家庭利益是对抗的,男性的职责就是通过家庭实现国家利益,使家庭利益与国家利益达到统一。因此性关系在家庭里获得其精神上和伦理上的意义和使命。这个在《精神现象学》里有详细的分析。

§398

灵魂的第三个自然变化,是觉醒和睡眠,觉醒是灵魂的自为存在,睡眠是灵魂的自在存在。一般来说,人在醒着时,精神不仅有自我意识,而且针对外部世界的思维和活动是理性的。睡眠不仅是单纯的休息,还是灵魂暂时脱离外部世界,回归到自身的统一,因此睡眠是对理性活动的"充电"。

说明:康德把表象分为客观的和主观的,无意识地进入我们大脑的表象是客观表象,大脑有意识地主动抓取的表象是主观表象。根据康德的这个区分,觉醒就是灵魂的自我意识和灵魂理性地处理表象,而睡眠则是灵魂暂时中止对表象的处理。当然做梦时大脑中也有表象出现,但那是无意识的,大脑不对它们进行理性的整合。

附释:在觉醒状态,精神是意志和理性。但真正的意志和理性,我们要在后面才加以分析。在人类学里我们考察的觉醒,只是一种全然模糊的意识,灵魂只是发现自我和外部世界的对立。

法国解剖学家比沙把睡眠和觉醒分为有机生命和动物生命。再生系统,即消化、血液循环、蒸散、呼吸都是有机生命,这些生命在睡眠时也在延续;感受系统和应激系统,即神经和肌肉的活动属于动物生命,这种指向外界的活动在睡眠中停止。这就是说,人在睡眠中就不再与外界发生联系,除了呼吸。

觉醒和睡眠在精神上的区别,还有经验的实证。当给精神提供有趣的东西,精神就处于完全的觉醒状态,因为精神在这些有趣的东西中发现了自我,当把一些废话或重复单调的东西提供给精神时,精神不能发现自我,就处于无聊而萎靡不振。

我们在梦中也会出现表象,不过这些表象是支离破碎的碎片,大脑对这些表象不进行整合。比如在梦中听到砰的一声关门声,会以为是枪声,大脑便无序地想象出强盗入室抢劫。这些虚假的表象之所以产生,因为精神在睡眠中不是自为的。严格意义上讲,思维只有在觉醒时才进行。思维认识到外部世界是个整体,一切表象只是这个整体的环节,整体与环节有必然性的联系。如果在清醒时还没有这样的意识,那你就要自问:我是醒着还是在做梦。

最后必须指出，觉醒是一种自然状态，是灵魂与外部世界的一种紧密关系，由于这种紧密关系，精神会疲劳，从而引起瞌睡，睡眠使这种紧密关系得到松弛。这种双重的过渡就是灵魂与躯体的统一性。

（三）感受

§399

醒着的灵魂的自为存在，就是把被给予的外界对象纳入灵魂中，建立为观念性的东西，扬弃灵魂与外界对象的对立，这就是感受。

附释：清醒时人的灵魂是对外部表象的整合，睡眠是灵魂暂时脱离外部世界，回归到自身的统一。人要清醒也要睡眠，清醒和睡眠是分离的，是一种无聊的循环，它们的交替还未达到真正的统一，而要达到真正的统一，只能是灵魂的感受。

灵魂发现了外界对象，灵魂把这个对象纳入自身，否定它的直接性，将之建立为观念性的东西，这就是感受。灵魂将外界对象建立为观念性的东西，就扬弃了灵魂与外界对象的对立，主体与客体的区分现在只存在于灵魂内部，也就是说，那个外界对象现在只是思想性的东西。

如果我们对灵魂做一个分割的话，灵魂可分为自在的灵魂和自为的灵魂，自在的灵魂没有内容，自为的灵魂有其内容，也就是清醒时的灵魂。因而借助于感受，我们可判断自己是否是清醒的，换句话说，检验一下自己脑海中是否有一个确定的他物，这个他物是不同于我的灵魂的，这可确认自己是否处于清醒状态。

§400

感受是精神的无意识、无理智、模糊的形式，感受中对象的

黑格尔《精神哲学》浅识

规定性是直接的、未发展的,因而感受的内容是有限的和瞬息即逝的。

说明:一切出现在精神中的东西都以感受为起源。在意识里,意识与事物是对象性的关系,事物的内容可以被意识接纳,也可以不接纳。然而在感受里,容不得你接纳或拒绝,事物的内容是全盘映现在感受中的,因而感受是无意识的、直接的、"我"的东西。感受与意识有区别,感受不分好坏,邪念、凶杀、淫乱、亵渎这些内容都可以是感受,但意志、良心、性格、宗教、道德、正义这些属于意识,意识比起感受对人的灵魂更具有强度和稳固性。今天必须提醒人们,思维是人区别于牲畜的最自己的东西,而感受是人和牲畜共有的。

附释:虽然人的精神中也有感受,但精神与感受的区别在于,精神是普遍的、必然的、客观的东西,感受则是孤立的、偶然的、主观性的东西。在感受中我们得到的,是事物的直接的表象,精神固然源于感受,但它超出了事物的表象,是用概念进行思维。感受中的内容完全是偶然的东西,是个人的主观性内容,只是一种意谓,而意谓是无法说出来交流的,所以感受的主观性是最无理智最坏的东西。在感受中,灵魂并没建立起自我与对象的对立,并没区分自我与对象,这种区分是意识建立的,这在《精神现象学》里有详细的分析。

§401

在感受中,一方面是外在东西进入灵魂,一方面是通过各器官进行感受。这样就区分出两个领域,一个是感受活动本身,即各器官的感受功能,另一个是感受所产生的生理心理现象,前者属于自然领域,后者属于精神领域。

说明:人的感官分属不同的系统:眼睛是光感官,耳朵是声感官,它们是观念性感官,看到和听到的东西进入灵魂只产生观念;鼻子是嗅感官,舌头是味感官,它们是差别性感官,能辨别不同的气味和味道;触觉器官包括手、脚、皮肤,它们是实在性感官,能感知物体的重量、冷热、形状等。研究感受活动将会产生一门独特的科学——心理生理学,它的研究对象是感受器官与感受所产生的生理心理现象之间的关系,比如愤怒和勇气与应激系统的关系,反思和智力活动与头脑的关系等等。生理学只把内脏器官看作动物的有机部分,心理生理学则是解释这些有机部分同精神的关系。

附释:感受的内容要么来源于外界,要么属于灵魂内心,因而感受要么是一个外部感受,要么是一个内部感受;前者属于人类学领域,后者属于心理学领域。感受是通过各感官获得的,是受外部东西所决定的。人类已知的有五个感官,分属三个类型:第一类由观念性感官构成,包括视觉器官的眼睛和听觉器官的耳朵;第二类由差别性感官构成,包括嗅觉器官的鼻子和味觉器官的舌头;第三类是实在性感官即触觉,它是总体性的官能,通过它能感知物体的重量、冷热、形状等。

1. 外部感受

视觉我们称之为光的有形的观念性。光是物理化的空间,光显示他物,通过光我们与颜色打交道。我们在看的时候,物体只是一个我们观念中的存在。视觉并不完善,我们能看见的只是二维的宽和高,即物体的一个平面,只有通过不同的视觉角度,我们才能依次看到其它的面,才能在观念中构筑起立体的物体。视觉不能直接看到深度,只有通过阴影,我们才能感知到深度。视觉也不能知道物体的距离,只能通过对象的大小来推测距离。

听觉是纯粹内在性的官能。听觉与声音有关,声音是物理化的时间,是物体的一种机械性的振动。

物体都存在于空间中,都与空气接触,这就决定了物体都要被分解,也就是被氧化。嗅觉就是接受被氧化了的物体的气味,并对气味做出区别判断。味觉则是与具体的物体接触,做出甜、咸、苦、辣、酸等区别判断。

触觉主要在手指,也就是触摸感,触觉与物体的实在性有关。触觉受到物体重力的刺激,能感受到物体的重量、软硬、冷热和三维形态,因而与视觉、听觉、嗅觉、味觉不同,对触觉来说才真正有一个独立存在的物体,因而触觉是总体性的官能。

但是,外部感受之所以成为人类学的考察对象,是由于它同精神的联系。我们要考察的,是外部感受与内在精神之间无意识的联系,由于这种联系,就在我们内心产生一种情绪,这种情绪具有一种特殊的人的性格,也就是成为某种象征性的东西。比如,黑色象征悲哀、内心的黯淡、精神的昏暗、庄严和威严;白色象征纯洁、天真无邪、开朗;紫色被看作帝王的颜色,象征威力;蓝色则是温和、女性气质、爱和忠贞,因而圣母总是被画成穿蓝色长袍;黄色不仅象征快活,也象征偏见和嫉妒。声音也有象征意义,因为它传达了人的内在灵魂的优雅和粗鲁,所以话语声会引起我们的同情或反感。据说盲人能从一个人的语音认识到他身体的优美与否。

2.内部感受

内部感受有两类:一类与个别性,诸如愤怒、报复、嫉妒、羞耻、悔恨等有关;另一类与普遍性,即法、伦理、宗教、美、真等有关。内部感受的这两类有一个共同点,即它们都是精神在个别人内心的规定。一方面这两类感受会互相接近,法、伦理、宗教、美、真等普遍性进入个人的灵魂,成为个人内在的感受;另一方面,法、伦理、宗教、美、真等又摆脱个人的特殊性,提升为自在自为的普遍性,即成为每个人共同遵循的准则。内部感受对于灵魂和身体可能是有益的,也可能是有害的。忧伤会导致下腹病,即损伤再生系统;愤怒和勇气是胸部的激怒,损伤应激系统;羞耻是人对自己的恼怒,是我的实际表现与我想要东西之间的矛盾,这种精神的外在状态就是血液涌上面部而脸红;惊恐是灵魂面临不可克服东西的体内颤动,其外在表现是脸色苍白和发抖;思维是一种时间性的东西,是在大脑中被感受到。上述这些都是精神的外在化,这种外在化只有通过对内部感受的放弃才会完成,这种放弃就是笑和哭。感受到自己受到损失,人就会哭,但如果感受到这个损失对自己微不足道,他就会笑。因此喜剧引人发笑之处在于一个微不足道的目的没能达到,而悲剧则是对立双方都走向毁灭,都没能达到目的。从粗鲁的捧腹大笑到优雅的微笑,形成了一个灵魂从低俗到高尚的层次,捧腹大笑是完全出自自然性,而优雅的微笑则是出自自由意志,因而表现出个人的文化程度。哭是由于否定即损伤引起的内心撕裂,但眼泪是一种转变,它不仅是痛苦的表现,也是痛苦的摆脱。哭的疗效在于把痛苦引起的毒素从体内排出,这样灵魂和身体都得到了清洗。哭和笑都产生声音,故而产生某种观念性的东西。动物在感受痛苦或快乐时也会发声,但人并不停留在这种动物式的发声上,人创造了清晰发声的语言,将内心感受进展到词汇,语言是人摆脱内部感受的最高方式,所以葬礼上要以灵歌来表示哀悼。当然人们也以歌声表达自己的欢乐。关于内部感受通过清晰发声的语言来排出,我们在人类学里无法详述,只能点到为止。

§ 402

人是灵魂与躯体的统一体。感受是个别的和暂时的,是灵魂中的种种变化,灵魂是感受活动的映现。灵魂作为这个统一体内的感受活动,就是感觉的灵魂。

说明:感受和感觉似乎没什么明显的区别,但感受更多地强调被动性,即灵魂被动地接受外来刺激,感觉则偏重于主动性,即强调感觉活动自身。

附释:上一小节是人类学第一部分的结束,在那部分里,我们分析了灵魂的质,即灵魂的各规定性,也就是达到了感受的灵魂。现在我们要向人类学第二部分过渡,在这一部分里,灵魂要与躯体分离,达到对自身的感觉,因而就需要在疾病中考察灵魂。灵魂一方面还被束缚在躯体中,被自然性所制约,另一方面又要与躯体分离,上升到自然生命与自由意志的中间阶段,这是灵魂的自由与不自由的矛盾。感受只是同个别东西打交道,当灵魂上升到意识,就是同一个外部世界打交道,外部世界中各事物间都有普遍联系,因而就超出了个别性而达到了普遍性。意识从个别性提升到普遍性,也就是抓取事物的本质。通过这种转变,直接感受就变成表象意识。人类学第二部分要考察的,就是处于直接感受与表象意识中间的那个灵魂,也就是能感受到普遍性的灵魂。说普遍性被感受到,这似乎是矛盾的,因为感受只以个别性为内容。但感觉灵魂既不囿于感性感受,也尚未达到真正的普遍性,感觉灵魂只是把普遍性与个别性加以分离。

通过感受,外在东西进入灵魂,灵魂中保存着众多彼此不相干的内容,这些内容其实就是外部世界的整体,因为进入了灵魂,就在灵魂内构成了一个整体世界。灵魂不仅要建立自己与躯体的区别,也要建立自己与外部世界的区别,要让外部世界作为精神进入到灵魂中,但感觉灵魂还做不到这一点。只有当灵魂意识到自己与躯体的对立,即有了自我意识,只有当灵魂能意识到自己与外部世界是对立的,将外部世界看作普遍性,只有达到这两个目标后,灵魂才从其主观感觉达到客观意识。我们在感觉灵魂要考察的,就是达到这个目标前的灵魂,它分为三个阶段:第一阶段是梦中的灵魂,灵魂在这里还处在与客观性的直接统一中;第二阶段是疯狂的灵魂,是灵魂的分裂,一方面能控制自己,一方面又不能控制自己,被扣留在特殊性中;第三阶段是灵魂控制了躯体,躯体成为灵魂的手段,达到这个目标,灵魂就成为了意识。

二、感觉灵魂

个体是感受的主体,灵魂一方面扬弃感受内容的实在性,一方面又将全部感受内容保存在自己里面,灵魂在这个全部感受内容中的感觉活动,就是感觉灵魂。

§403

感觉个体是一个观念性的主体,也就是说,感觉个体把各种感受到的内容储存在自身内,自己是控制这些内容的力量。这样的灵魂就不再是一个自然的个体性,而是有内在内容的个体性,因此灵魂将会从形式上的自为存在变为真正的自为存在。

说明:灵魂是观念性的,也就是说,我们通过感官获得的感受被保存在灵魂中,这些感受作为表象或记忆内容,只是观念性的东西,而不是实存的事物,事物的实在性已被扬弃了。在下文要分析的病态中,保存在灵魂中的那些早已忘记的表象,会出现在意识中。

§404

每个个体感受内容是不同的,因而灵魂是排他性的,每个灵魂都有其特殊性。同时,灵魂在自己内部也建立区别,这个区别就是灵魂自身与整体感受内容的区别。

说明:下面我们要分析的灵魂,还处于黑暗阶段,因为这个阶段的灵魂还不是真正自为的灵魂,它的内在内容还没发展成有意识的和可理解的内容,因此只能说是一种病态。

(一) 直接性中的感觉灵魂

§405

这一小节讲胎儿与母体的关系。胎儿是一个有感觉的个体,虽然它也是一个感觉灵魂,但它还不是真正的主体,它是被动的,它的真正的主体是它的母体。由于胎儿是非独立的,完全由母体所决定的,所以母体是胎儿的保护神。

说明:这是母腹中的胎儿与母亲的关系,这种关系是灵魂的关系,是两个个体在一个灵魂中。胎儿完全没有自主性,母亲是胎儿的主体,是胎儿的守护神。守护神就是胎儿的精神总体,胎儿的个体只是形式上的自为存在,母亲作为精神总体才是胎儿真正的自为存在。

如果我们只以解剖学和生理学来理解母亲与胎儿的关系,胎儿只是子宫里的一个东西,母亲与胎儿通过脐带和胎盘相联结。然而这种联结的本质在于,不仅母亲的情绪和肌体损害会传递给胎儿,而且母亲的基因直接决定了孩子的疾病倾向、外形、气质、性格、才能等。这种不可思议的影响甚至在亲密关系的朋友之间、夫妻之间、家庭成员间也存在。

胎儿与母体是两个不同的个体,但胎儿的主体性是它的母体,胎儿就像是材料,由母体把它塑造成形,这个塑造成形就是给胎儿以意识。胎儿不仅在母体中接受塑造,出生后还要接受外部世界,而母亲正是以一种浓缩的方式让他理解外部世界,塑造孩子的性格,所以母亲被称为孩子的守护神。

附释:除了胎儿的灵魂,梦中的灵魂也是直接性中的感觉灵魂。做梦和预感是意识下降为病态。精神有两种方式,一种是理智意识，另一种是做梦和预感。感觉灵魂的第一个发展阶段是这两种方式的互相渗透，两种方式的界限还是模糊的。在做梦和预感里，感觉灵魂与外部世界是一种不可思议的关系，这种感觉灵魂就是"直接性中的感觉灵魂"。人们往往把做梦和预感看作一种魔力，魔力是精神对躯体的影响，是躯体完全屈服于某种精神。人类在原始社会曾经把某种天文知识看作魔力，古希腊与古罗马的秘密宗教仪式中也残留着这种魔力，其实这仅仅是感受和直观，是毫无科学根据的东西，这种东西与我们所说的"不可思议"是两回事。

1. 形式上的主体性

这种灵魂之所以称为"形式上的主体性"，因为在这种状态下灵魂不由自己做主，它有三种状态：做梦，母腹中的胎儿，守护神。

（1）做梦

之前我们提到，觉醒是灵魂与外部世界的一种紧密关系，由于这种紧密关系，精神会疲劳，从而引起瞌睡，睡眠是使这种紧密关系得到松弛。我们在梦中也会出现表象，不过这些表象是支离破碎的碎片，大脑对这些表象不进行整合，因为精神在睡眠中不是自为的。在此还必须补充一点，在做梦状态中，灵魂不仅充满各种碎片表象，而且与清醒时相比，灵魂达到对过去、现在、将来更深入的感受，也就是说，三个不同的时空会互相穿越。

（2）母腹中的胎儿

母腹中的胎儿是这样一种灵魂，这个灵魂不在胎儿自身，只在母亲的灵魂中，由母亲的灵魂所支配。做梦中的灵魂是直接的自相联系，母腹中胎儿的灵魂是与另一个个体的联系。母亲是自在自为的，胎儿只是形式上的自为存在，并逐渐成长为现实的自为存在。因而母亲的任何情绪波动或肢体损伤，都会给胎儿带来形体上的缺陷，比如母亲手臂骨折，新生儿的手臂会有某种程度的不健全。

（3）个体与守护神的关系

个体的人是双重性的，一方面具有普遍性，每个人都是人，另一方面具有特殊性，个人有其独特的内在主宰，比如有的人天生特别谨慎小心，做事绝不冒险。这种独特的内在主宰是天命，以至于他的理智意识都听命于这个主宰，这种主宰就是灵魂的守护神，它既是个体的他者，同时又是与个体不可分离的统一。

§ 406

催眠和梦游症对感觉生命来说是一种病态，在这种病态中，意识分不清哪个是外部世界，哪个是将外部世界在自身内建立的内在内容。

说明：在人的意识中，既有个人利益，也有集体利益；既有自我，也有自我与他人以及外部世界的关系，这一切构成一个现实的总和，存在于人的灵魂中。在梦游症中，进入意识的只有特定自我、个人利益和个人狭隘的内在世界，因此指望从梦游状态中获得理念的启示，那是愚昧的。一个有健全理智的人知道什么是现实性，现实性就是：在我之外有一个与我不同的外部世界，这个外部世界同样具有理智的内在联系，与此同时，这个外部世界被作为内在内容储存在我的意识中。当人清醒时，这个内在内容是受到意识中介的，即是说意识能判断哪个是外部世界，哪个仅是自己的内在内容。但在催眠或梦游中，意识没展开中介，内在内容直接呈现在意识中，意识把内在内容当作真实的外部世界，完全听凭这种幻觉的摆布。如果把这种状态看作是精神的真实性，指望从中获得普遍性知识，那是毫无意义的。催眠师对病人的控制，是一个意识对另一个意识的控制，催眠师的意识是主体性的，病人的意识是空虚的、非自为的，因此睡眠术是许

第一篇 主观精神

多欺骗的根源。在梦游和催眠中,对感觉灵魂来说,主观东西和客观东西的区别、自我与外部世界的区别都不存在,因而被称为"直接性中的感觉灵魂"。

2. 实在的主体性

灵魂与精神应该是同一的,精神支配灵魂,但当灵魂与精神分离,精神不能支配灵魂时,就是一种病态。这种灵魂病与躯体病是相关联的,比如强直性昏厥、女性青春发育期、舞蹈病等,但这些不是哲学要研究的对象。我们要研究的是被称为动物磁力的那种灵魂状态,以及由于宗教上或政治上的过度兴奋导致的灵魂与精神的分离。这种过度兴奋最引人注目的例子,是法国的圣女贞德,她一方面是属于爱国热忱,另一方面也是一种动物磁力状态。健全的意识知道,在我之外有一个外部世界,我通过眼睛的看、耳朵的听、手的触摸等感觉器官的中介,感知到这个外部世界。但也有一种感知,它无须通过感官的中介,不需要眼睛的看或耳朵的听,直接就能感知他物。我们来看看这类情况。

第一种直接感知是金属占卜者和水占卜者,据说他们无须视觉的中介,就能察觉到地下的金属和水。他们在占卜时用一根探棒接触地面,因为大量的某种金属或水会引起他们身体的不适,所以这种直接感知还是取决于他们的感受。

第二种直接感知是梦游症,梦游症属于强直性昏厥,是一种器官麻痹的病。梦游症就是在睡梦中走来走去,梦游者虽然能听和触摸,但他的眼睛不管是闭着还是张着,都同样是呆滞的,梦游者实际上是以触觉替代视觉。但他们也常常为他们的触觉所骗,比如他们以为自己是骑在马上,实际却是坐在屋脊上。

第三种直接感知是预感。预感有两种,一种是无现实事物的幻景,这种幻景主要与身体的疾病有关,也不排除在完全清醒状态下产生幻景,比如德国著名的启蒙运动领袖尼古拉就在完全清醒的状态下，看到街道上有一些实际不存在的房子，并且他也知道这是错觉。另一种是与现实事物有关的幻景，也是我们主要考察的。为理解这种幻景的不可思议，关键在于抓住灵魂的下述观点：尽管每个人都有灵魂，但灵魂是普遍性，也就是说，灵魂中的东西是一种观念性的东西，每个人都分有了这种观念性的东西，并支配着这些观念。但灵魂同时也是个体性的，每个人的灵魂中都有自己特定的内容，这就构成了个体化的现实性。起初每个人都把感觉到的内容直接装入灵魂中，这样的灵魂还未把自我同外部世界分离开，也就是说，灵魂还不知道哪些是外部世界，哪些是我的内在内容。现在我们进一步考察预感。

首先是这样一种状态，有些人能回忆起某种久已忘却的内容，这些内容在他清醒时是完全意识不到的。比如有些病人能讲一种少年时曾经学过但早已忘记的外语，或者有些病人能背诵整本书，这在他清醒时是完全不可能的。这种状态是一种病态，但至少这种病态还有感觉基础，比如他少年时的确学习过这种外语，或者他很久以前曾经读过这本书。

比上述情况更不可思议的，是某种完全没有任何感觉基础的预感。比如有一位姑娘，她从不知道自己在西班牙有个弟弟，但她的内在感知清楚地看到这个弟弟在一家医院里，她的弟弟已经死了并做了尸体解剖，后来她弟弟又活了，事后弄清楚，她的弟弟那时确实在医院，而死的是弟弟旁边的另一个病人。在意大利和西班牙，这种幻觉并不罕见。对未来的预知还有另一种情况，比如人在梦中预感到房屋要倒塌，被惊醒起来后房屋果然倒塌了，或者船员预感到有大风暴而不出航，甚至有人能预感到自己的死期。这是所谓的"第三只眼睛"。不过哲学的目的不是解释这类个别现象。

以上两种情况，一种是灵魂重新想起已经属于它的内容，一种是灵魂沉湎于个别的外部情况。还有第三种情况，是灵魂返回到自身。有的病人能正确讲出解剖学或生理学的内容，他必定是受过医学教育的。一个高层次的人，在病中讲出的也是高尚的内容，层次低下的人，在病中讲出的也必定是低级趣味。这种病态中的无意识的流露，其实都与他的学历和经历有关。

第四种直接感知是催眠引起的梦游。催眠师和病人双方由于进入心灵感应，病人的心灵和身体状态，就被催眠师感知到。

如果两个人达到高度亲密的状态，也会产生心灵感应，这是第五种直接感知。法国曾经有这样的病例，两个彼此非常亲密的妇女，她们相隔很远，但彼此心里都能感受到对方的病状。

上面讨论的五种直接感知都有共同点，其一是它们都与感觉灵魂的个体世界有关，另一是它们既可发生在病人身上，也可发生在某些具有特异功能的健康人身上。这些现象都是直接的自然现象，但它们也可能是故意引起的，这就是我们下面要研究的动物磁力。动物磁力这个名称是由奥地利医师梅斯梅尔发明的，它跟各种催眠术有关，实际上是通过人为的力量建立起直接的自然现象。

催眠状态首先是一种病。病的实质是机体内的某个系统与整体生命相分离，而催眠则是让灵魂与理智相分离，所以它是一种病。当某种外在的力量使得灵魂与理智相分离，灵魂不再服从理智，而屈从于这种外在力量，这就是催眠。这种外在力量可以是某个人，也可以是药物，尤其是天仙子。催眠师的这种力量不仅对人，也可对动物，因为动物也是灵魂生命。

催眠有各种方法，但主要是通过触摸起作用。催眠师的意志必须强于病人，通过触摸打消或减弱病人的意志，使得病人服从催眠师的意志，以至于病人不管愿意不愿意都被带入昏睡状态。

催眠的作用就是让病人昏睡，使得病人的感觉灵魂与理智意识分离。我们知道人的应激系统和再生系统是对立的，催眠使应激系统关闭，使再生系统兴奋，由于催眠中的大脑处于再生系统的兴奋中，人会产生一种特殊的愉悦感，因而会表现出性欲的亢奋，尤其在女性中。这是对动物磁力的生理学考察。至于动物磁力对灵魂的作用，因为催眠中的灵魂完全沉入自己的内在内容，而内在内容只是碎片化的表象，所以病人说出的话往往是稀奇古怪的，这就需要催眠师的解释，因而催眠的结果往往是错误与正确的混杂。在此我们只想强调两点，病人说出的话必定与他的物质生活有关，他醒来后的回忆，很可能就是平时他的医生责令他要牢记的东西。

关于催眠师与病人的紧密联系与依赖，由于病人只能够听到催眠师的话，催眠师往往把自己的感知传递给了病人，这样病人说出的可能不是他的内在感知，而是催眠师的感知，这就给催眠带来失败。另一种情况是，催眠师的意志不够强大，反而被病人的内在感知牵着鼻子走，这样病人就会放纵，导致催眠的失败。

最后一点涉及催眠的目的——治疗。正如黑格尔在《自然哲学》中指出的，疾病是机体内某个系统过度兴奋，以至于打破了整体生命的平衡和谐，而睡眠能使白天过度兴奋的某个系统回归平静，使整体生命回归平衡和谐，因此催眠所起的作用其实与睡眠相同。但另一方面也不容忽视，催眠会激发某个系统的兴奋，如果这个系统兴奋过渡，就会与治疗的目的适得其反，出现生命危机。因此催眠这种治疗，必须掌握适度，必须真正让机体回归平衡和谐。

（二）自身感觉

§ 407

作为一个有感觉的个体，它的本质是这样的：它自身是感觉主体,它所拥有的特殊感觉的总和是客体,但同时主体与客体又是一个统一体,因为特殊感觉总和作为观念性的东西就是主体自身,这就是自身感觉。

§ 408

1. 自身感觉与疯狂

由于自身感觉是直接性的,是通过五种感觉器官产生的,并且每个人的感觉也是特殊的,所以理智意识会生病,这就是精神病。精神病表现为,意识始终坚持其自我感觉的特殊性,不能把这种特殊性加工成观念性并控制它。健全的意识知道自我与外部世界有别,在自我与外部世界的联系中,能把持自己的主体意识。感受内容应从属于主体意识,受灵魂的控制,一旦灵魂失去对感受内容的控制,个人特殊的感受内容凸显出来,这就是疯狂,即精神病。

说明:意识主体同时也是自身感觉,当主体意识陷入个人特殊的感受内容中,精神就会生病。健全的主体意识是有序的,它把感受、表象、欲望、爱好等每个特殊内容都纳入理智的整合中,主体意识是那些特殊内容的守护神。人有虚荣、骄傲、幻觉、欲望、爱与恨,这些特殊内容原本受普遍性、伦理、道德的约束,当这些特殊内容不受守护神的约束,就会产生精神的错乱。因此对精神病的治疗要坚持这个观点:精神病不是理性的丧失,而是理性的错乱,正像疾病不是健康的丧失(这种丧失就会是死亡),而是健康的平衡被打破。这种人性化的治疗,是以病人是有理性为前提的,是纠正病人理性中的错乱。

附释:灵魂作为意识,它首先意识到我的主观意识和外界是分离的,外界由无数个别的东西组成,这些个别的东西是直接的、偶然的、被给予的东西。我把被给予的东西转变成表象,并使它成为一个外界对象。继而我认识的这些个别的东西不仅仅是一个独立的个别,外界是一个物质链,每个个别东西都是这个物质链上的一个环节,一个环节通过中介与另一个环节相联结,形成物质与物质的必然性联系。当我有了这样的认识,我的感觉内容才获得了客观性。正如我对外界认识从主观性转移到客观性一样,我对我自己也必须有一个客观性认识。当我提高到理性思维时,我把自己区分为认识主体的"我",和对象客体的"我",两个"我"具有主观的同一性,但同时感觉灵魂必须克服这种主观同一性,把它建立为主观与客观的统一性。同一性与统一性的区别在于,同一性只是意识主观地认识到两个"我"是同一个"我",但统一性则是主体的"我"完全掌控客体的"我"。

然而,无论是关于我自己,还是关于外部世界,我都可能搞错。缺乏理智的人往往把空洞的主观表象当作自己要实现的愿望,因而陷入主观性与客观现实的分离。但这种主观性与客观性的分离还不是疯狂,疯狂是把主观性的想象当作真实的客观性。做梦或梦游症,是整合表象碎片的清醒意识暂时关闭,任由表象无序地出现在意识中,因而只有一个意识在活跃。与之相反,疯狂是两个意识同时打开,清醒意识把梦游意识当作真实的东西,因而疯狂可叫做"白日梦"。疯狂主体的意识是直接陷入他的否定意识中。什么是否定意识?比如当我们忍受劳动带来的辛苦,我们就是陷入否定意识中,但这不叫疯狂,因为劳动会有回报,我们冲着这个回报才忍受辛苦。但还有一种没有合理回报的辛苦,我们会把它看作愚昧,比如印度人一步一拜地朝觐圣地,因为这种行为完全不是达到目的的必需手段,根据这个理由,这种行为就是疯狂。在这种忍受否定意识中,得到的只是感受意识,而不是理性意识。

2．疯狂的三种主要形式

现在我们来考察疯狂的三种主要形式:第一种形式是痴呆、

精神涣散、蠢态,第二种形式是真正的傻,第三种形式是癫狂和精神病。

(1) 第一种形式:痴呆、精神涣散、蠢态

天生的痴呆是不可治疗的,这种患者往往身体畸形、残废,并伴有甲状腺肿大,面部表情呆滞。这种病可能来自母亲怀孕期间曾受到极度的惊恐,或由于母亲过渡纵情欢乐。也有间断性痴呆,英国有个病例,病人突然陷入对一切不感兴趣的状态,总是静坐望着远方,一言不发,甚至不认识自己的妻子孩子,后来让一个人跟他一样衣着打扮,坐在他对面,使得他情绪激动,转移他对外部事物的专注,他才恢复正常。

精神涣散也是一种疯狂,这是对自己在场的不知,这种不知往往是精神错乱的开始。也有一种高尚的精神涣散,比如阿基米德专注于一个几何问题,以至于几乎忘记了所有日常的事。对这种精神涣散必须以强力把他从专注点中拉出来。严格意义上的精神涣散是沉浸在全然抽象的自身感觉里,陷入意识的无所事事的状态中,沉溺在对原本熟知事情的茫然无知状态中。处于这种状态的人混淆了真实处境与虚假处境,以一种片面的方式把握外部情况。据说牛顿曾经抓住一位女士的手指,来填压烟斗中的烟丝。这种精神涣散在学者中并不罕见,是因为意识长久处于主观性而忘记了客观性的缘故。

与精神涣散相反,蠢态则是对一切事物都感兴趣,他们无法把注意力固定到某个确定的事物上,兴趣点从一个事物跑到另一个事物,这种病基本不可治疗。蠢态的病因是理智意识无法对所有表象进行比较,他们不仅对直接在场不知,而且对表象的处理是颠倒错乱的。

(2) 第二种形式:真傻

真正的傻是精神在自身内获得一个确定的内容,这内容成

为了固定的表象,而精神完全沉溺在这个固定的表象中。我们说在一些偏远小镇里的妇女,她们沉溺在某种特殊兴趣中,在这种狭隘里获得极大的愉快,这有理由称她们为傻。但狭义的傻,指精神始终待在某个主观表象上,并把这个表象认作一个客观的东西。这种灵魂大都由于对现实的不满而将自己闭锁在自己的主观性中,尤其是对虚荣和骄傲的酷爱,是这种自我闭锁的原因。与痴呆和蠢态的抓不住某种确定的东西相反,真正的傻是抓住某种表象不放。因此真正的傻的灵魂中有某种区别,一方面灵魂与某个表象连在一起,一方面意识又超越了这个特殊的疯狂表象,所以真正的傻仅在某个点是神志糊涂,在其他方面则是神志清醒的。厌世可看作是最不确定的傻,厌世并非对生命漠不关心,而是无法忍受生命,是对现实的爱好和憎恨之间的摇摆。厌世主要表现为抑郁,这是精神对不幸表象的持久的冥思苦想,继而发展到自杀的冲动。另外还有一种傻,那是精神的特殊激情,比如把自己当作上帝或国王,或者认为自己是一条狗等等。总之,真正的傻是对他的固定表象与客观现实的对立没有确定的意识。

(3)第三种形式:癫狂和精神病

癫狂或精神病患者自己是知道他的意识的分裂,自己能感觉到主观表象与客观现实的矛盾,但却不能放弃这个主观表象,而是要使这个主观表象成为现实。这种病的产生可能是精神受到强烈震惊,或处于暴力颠倒的世界状态中,以至于精神无法摆脱这种震惊或颠倒状态的束缚。法国大革命中就发生了许多精神错乱的人,也有由于宗教的原因导致精神错乱的。精神错乱者既可能是一种平静的痛苦,也可能是暴怒或发狂。他们的精神不仅受幻觉或古怪念头的折磨,而且还有一种不信任、嫉妒、阴险或恶毒的成分,有一种对他们的意志受阻的愤怒。另外那些被宠坏的人，他们习惯于固执自己的主观意志，一旦他们的主观意志受到普遍理性的反对，也容易变得精神错乱。在精神错乱者那里，一种特殊的表象取得了对精神的统治权，个人的特殊性通过反思摆脱了普遍意志或伦理道德的束缚，从而心中的黑暗恶毒力量被释放出来。因而精神错乱者表现为一种伤害他人的癖好，甚至突然产生杀人的欲望。精神病的自然方面，与大自然的变更，特别是与太阳的运行有关联。炎热和严寒，或暴风雨临近等容易引发病人的精神错乱。据说肌肉发达的黑发人种比金发人种更易发生精神错乱。

3. 对精神病的治疗

最后要谈的是对精神病的治疗，这种治疗部分的是物质的，部分的是精神的，主要还是精神治疗。因为精神病的意识中，尽管专注于某个特殊表象，但还存在对其余表象的理性意识，只要打消他对特殊表象的专注，正常的意识便能恢复。精神疗法最重要的是得到病人的信赖，不可对他的特殊表象进行攻击。在得到病人的信赖后，医生必须设法建立对病人的正当权威，让病人依赖这种权威，这就获得了对病人意识中的主观性的控制。另外必须考虑到对病人的关怀，因为病人对什么是善良还有某种感觉的，所以不得不实行的强制手段只能是对病人破坏行为的惩戒，并使病人知道他们做坏事是要得到惩罚的。据说通过秋千的来回晃荡，病人头晕目眩，动摇了病人对固定表象的执着，也有治疗效果。有一个病人相信自己身体里有一辆马车，医生就给他服用催吐药，并安排一辆马车从他面前驶过，病人以为那辆马车就是他吐出来的，病情有所好转。精神疗法也可采用直接驳斥病人的古怪妄想，一个病人自以为自己是圣灵，医生让另一个病人对他说，你怎么可能是圣灵，我才是圣灵，结果这个病人病情好转了。当然这些手段只能减弱病情，不能让病人彻底康复。

（三）习惯

§ 409

每个人都有灵魂,如果没有感觉内容的填入,灵魂就是个空的东西,所以灵魂是形式上的普遍性。感觉是个人的特殊性,比如冷、热、硬、软等,但这些感觉也是形式上的普遍性,你可以有,他也可以有。灵魂通过感觉器官获得感觉,并且在灵魂中建立起特殊的观念性的东西,所以单纯的灵魂与躯体也是有别的。

说明:灵魂存在于躯体中,灵魂与躯体有别,单纯的灵魂还不是"自我",只有当躯体从属于灵魂,灵魂才是"自我"。这样的灵魂是意识的基础,是自为存在的主体。

§ 410

灵魂把种种感觉纳入自身,并把它们归结为自己的一种单纯的规定性,这就是习惯。因此可以说,灵魂是无意识地在自己身上具有了这些规定性,并让它们在灵魂里活动。这些规定性进入灵魂的过程,表现为诸感觉的重复,因此习惯的产生表现为一种练习。

说明:习惯是自身感觉的机制,它不是直接自然的,而是感觉被制作成自然的、机械性的规定性。所以习惯可称为第二自然。之所以称它为自然,因为习惯是一种直接存在,之所以称它为第二,因为它是灵魂建立的。

人在习惯中是不自由的,因为人受习惯的限制。人在习惯中又是自由的,因为习惯使人摆脱了感受的束缚,比如长年的冬泳使肌体不怕严寒的刺激。

习惯使得人对欲望和冲动产生迟钝麻木,比如和尚习惯于长年的吃素念经,使得他们对性欲和肉食漠不关心。

习惯作为熟练的技巧，使得身体完全从属于灵魂的主观性，灵魂能随心所欲地支配肢体。比如优秀的钢琴家，他的手指能无抵抗地和流畅地在键盘上表达出灵魂所要表达的东西。

思维也同样需要习惯这种直接性的形式，如果人不习惯于思维，长时间的思维会引起头痛。这是有科学依据的，据美国科学家的研究，长时间的思维会导致体表温度上升，因此天才与普通人的区别就在于，在长时间思维后，天才的体表温度上升不高，他能继续思考，而普通人体表温度上升很高，他就无法再进行思考了。

附释：习惯是某个行为经长时间重复而形成的东西，它是由灵魂建立的并为灵魂所有的一种普遍的行为方式，因而对个体的人来说是一种自由。比如某人因右手受伤，不得不改用左手写字，久而久之左手写字就成为必然的习惯。尽管习惯是一种自由，但另一方面习惯也使得人成为它的奴隶，比如很多学者有抽烟的习惯，如果他身边没有一包烟，他会无法进入工作状态。

下面接着要考察的是灵魂与躯体的关系。灵魂是自为的，灵魂只有借助于它的物质性的躯体与自己对立，并扬弃这种对立，才能回归到自身的同一。然而灵魂不可能停留在这种单纯的自身同一，灵魂必然要控制躯体，把躯体训练成驯服而灵巧的工具，使得躯体与灵魂步调一致，这才是灵魂与躯体的统一，而非单纯的同一。躯体是个中项，灵魂通过躯体与外部世界打交道，为此躯体必须接受训练。动物的躯体服从灵魂是一种本能，而人则必须通过对躯体的训练。唯有通过无数次的重复，躯体才会被改造得得心应手，真正成为灵魂的工具。由于重复成习惯，习惯成自然，所以在习惯性的行为中，灵魂已经不再注意那些细节，而只关注普遍性的东西，也就是说，在习惯性行为中，灵魂既在那里，又不在那里。比如我们最初学写毛笔字时会关注一笔一画,等到熟练掌握后,我们不再关注一笔一画是否得当,转而关注通篇文字的平衡感和审美感。

三、现实灵魂

灵魂使躯体成为自己的工具,这样灵魂就是自为的、个别的主体,是内在的东西,而躯体则是它的外在东西。内在与外在的统一,就是现实的灵魂。自然灵魂经过感觉灵魂发展到现实灵魂,这是灵魂发展的第三阶段,也是最后一个阶段。

§411

经过训练的、能支配躯体的灵魂,是自为的主体,躯体是灵魂的外在性,躯体的形体性是灵魂的符号。灵魂支配躯体,两者的同一性是现实的,灵魂通过躯体表现出来的形体性,是自由的形体性,这种形体性被用于人类学、病症学、面相学研究。

说明:人的特征有,直立的外形,作为工具的手,表现哭笑的口形,以及通过躯体形态表现的精神情调,因此躯体是灵魂的外在性。对精神来说,人的躯体形态只是最初的显现,语言才是较完善的表现形式。

附释:在自然灵魂中,灵魂还是同其自然规定性尚未分离的;在感觉灵魂中,灵魂与躯体分离,灵魂以抽象的方式自为存在着;现在,灵魂达到了与躯体的统一,因而是现实的灵魂。灵魂与躯体达到统一,躯体就是被观念性地建立起来的外在东西,躯体不再只是感觉器官,而是精神的自由表现。

精神的表现主要集中在面部,其次在躯体形态。面部表情有一定的象征意义:点头表示认可,象征屈从,欧洲人以鞠躬表示敬意,其中保留了自己的独立性;东方人则以匍匐在地表达对主人的敬畏,他们不可正视主人,因为正视会肯定自己的独立性。摇头表示否定,暗示一种犹豫、一种取消;昂头表示轻蔑,一种自以为高人一头;皱鼻子表示厌恶,就像闻到臭味那样;皱眉预示生气,和内心的反对;希望落空时我们拉长脸;吃惊时我们双手抱头,在自己身上寻求支持;许诺时握手,表达一致性意见。躯体形态也是精神的表达,显示出灵魂对躯体的支配,因而一个人的教养、正派、谦虚、明智、坦率等都在走路的样子中显现出来。比起无教养的人,有教养的人在面部表情和躯体形态上更为克制,因为有教养的人内心更平静,他的外在流露必然更为适度。有教养的人没必要浪费他的面部表情和躯体形态,他们通过语言表达自己的内在精神。

灵魂有所感受,会在形体上自由地流露出来,这方面首先是声音。比如,取笑和叹息都是某种灵魂的流露,当然语言不是这种自由流露,语言更有理性成分。长久的某种感受会在脸上留下痕迹,即所谓的"相随心走",比如长久的愤怒或假仁假义都会在面相上显露出来。当然,脸上的痕迹与内在精神的一致性并非绝对的,以貌取人只是一种直接判断,这种判断有可能真,也可能不真。

§412

灵魂把自己一分为二,一个是灵魂,一个是与灵魂对立的形体性即外在形态,灵魂对形体性进行塑造。灵魂扬弃了形体性,并把形体性规定为就是自己,这样的灵魂就不再是空洞的,而是现实的灵魂。现实的灵魂把一切感受和习惯建立为观念,使外在性向自己内在化,这就把灵魂提升到自我,这样的自我就是思维的主体,或者说是能作判断的主体。在这个判断中,灵魂将自己作为主体,将一切感觉内容作为客体,客体直接在主体内映现,这就是意识。

附释：灵魂对形体性的塑造并非取消了灵魂与形体性的区别，当灵魂这种塑造的力量达到一定限度时，灵魂就与形体性分离，形体性只是灵魂的映现，这种内在映现使灵魂从空洞的精神提升到自我。自然的灵魂最初只是可能性，当灵魂把形体性作为自己的对象，把一切感觉内容作为观念储存在自身内，灵魂才是现实的灵魂，即自我。动物的灵魂只有感受，人的灵魂一方面能把一切感受建立为观念，一方面把形体性改造成观念性的对象，这样的灵魂就是自为存在的自我，灵魂在形体性中直观到自己，这就是自我直观。

第二章　精神现象学　意识

§ 413

　　自我是主观的自相联系,即自身确定性。自我把自己一分为二:一方面是灵魂,灵魂是主体;另一方面是躯体,躯体是客体,是在灵魂之外的对象,这就是意识。自我既能把自己一分为二,又能扬弃这个一分为二,合二为一,因为灵魂统摄躯体,所以自我自在的是同一性。

　　对待外界事物,自我也是进行一分为二和合二为一的处理。自我把自己看作主体,把外界事物看作客体或对象,这是一分为二;由于对象是作为观念被纳入自我中,对象与自我就达到了同一性,即存在与思维的同一,这是合二为一。由于对象在自我中只是观念,观念是一种精神现象,所以意识构成精神的映现。

　　附释:自我必须被理解为自己与自己相联系的普遍性,即自我直接建立自己的对象,这个对象就是躯体。虽然躯体是一种直接存在,"我"作为具有意识的灵魂是思维,两者有区别,但因为这种区别是"我"自己设定的,所以存在与思维是同一个东西,"我"就是思维,并且对"我"的存在具有绝对的确定性。这种确定性是自我的本性,就如同自由是意志的本性那样。

　　自我确定性还只是单纯的主观的观念性,所以只是一种形式上的区别,即灵魂与躯体的区别。但正如在《逻辑学》中指出的,形式的区别必然要发展到现实的区别,现实的区别就是外界事物。自我知道外界事物是在我之外的,是我的对象,但这个对象是我建立的,是我把对象作为观念性的东西纳入我中,这就达到了我与对象的同一,也就是思维与存在的统一。

这一点非常重要,人首先是通过"自我意识"达到思维与存在的同一,然后才意识到外界事物被作为观念纳入"我"中,这也是思维与存在的同一。如果理解了这一点,就能理解黑格尔的"思维是第一性的,存在是思维建立的"这个根本的哲学思想。

§414

精神最初只是形式上的观念性,即只是一种抽象的思维能力。精神在人类学中只是人的灵魂,现在作为意识,则与外界事物有了关系。外界事物是直接存在,精神把外界事物建立为观念纳入自我中,因此意识既是两个独立东西(直接存在与观念)的矛盾,又是扬弃矛盾的同一性。精神作为自我是本质,作为意识就仅仅是外界事物的映现。

附释:抽象的自我与外界事物是一种否定关系,这就产生了一个矛盾,外界事物作为对象在我之外独立存在,但又是自我把它们建立为观念性的东西,纳入自我中,这样对象自在地与精神是同一的,对象是精神通过分割而被外化为仿佛独立的东西。这种情况只有我们考察精神理念的人才知道,而普通的人是意识不到这一点的。

§415

由于自我只是形式上的同一性,所以概念的辩证运动、意识的进一步规定仿佛不是它的活动,而只是对象自身的变化。因而意识对对象的变化照单全收,意识按照对象的变化而变化。但我们必须认识到:自我是意识主体,是思维,对象在逻辑上的进展是主体与客体的同一性,是主体与客体绝对的联系,客体是主体的客体。

说明:康德把精神理解为意识,他的精神就只是精神的现象学,而不是精神的哲学。康德看到了自我所涉及的物自体是一个彼岸的东西,他只按照这种有限性来理解知性和意志。虽然他的反思的判断力概念达到了精神的理念、主体—客体性,甚至达到了自然的理念,但这个理念本身又重新被贬低为一种现象,即一种主观的准则。所以在康德哲学最早的传播者赖因霍尔德看来,康德哲学只是一种意识的理论。费希特哲学也有同样观点,他的"非我"只被规定为"自我"的对象,只不过在意识之中,这个"非我"始终是无法真正认知的东西,也就是物自体。康德哲学和费希特哲学都没达到概念,都没达到自在自为的精神,所达到的只是精神与对象的关系。斯宾诺莎的哲学,宇宙是一个实体,它有两个属性即思维与广延,思维与广延是同一的,因此外界事物的变化就是精神自己的变化。

附释:意识与对象是否定关系,对象的变化无须意识参与,这是初级的感性认识。

在费希特哲学中,始终存在着"自我"如何克服"非我"的困难,永远存在着"自我"与"非我"的应当统一,却永远达不到统一,因为费希特把"自我"与"非我"分割开,把两者看作是某种绝对的东西。

§ 416

精神意识到外界事物是实存,这只是精神与外界事物形式上的联系,只是一种确定性,确定了外界事物是自己的对象。如果只是这种对象意识,或者说意识只是在自身中映现出对象,那么这个对象还不是意识的真正内容。精神的目标是达到现象与本质的同一,是把确定性提高到真理性。

附释:感性认识认为,只要认识与对象相符合就是确定性,他们把这种主观东西称之为真,而不管这种主观东西是如何的微不足道。哲学则与之相反,必须把真理的概念与单纯的确定性区分开。真正理性的认知,必须达到概念的认知。

§ 417

把确定性提高到真理须经过三个阶段:1.意识本身(对象意识);2.自我意识;3.理性,即意识本身与自我意识的统一。

附释:把意识提高为理性之所以是这三个阶段,这是由既在主体里也在客体里的概念的能动性决定的。意识只是接纳外在客体,而概念扬弃了客体的外在性,作为思想性的观念进入主体内,这就使客体被内在化了,这种内在化的力量正是自我意识。自我意识与对象意识是对立的,但同时自我意识也把对象意识作为自己的环节包含在自身内。因此,自我意识必须前进到这一步:把另一个自我意识(他人)看作既是独立的对象,又与自己是同一的。如果一个人能将自我意识理解为普遍性,理解为理念,那么他就达到了自我意识与对象意识的统一,并由此成为自为存在的自我,就能在客观世界中认识自己,简而言之就是达到了理性。理性并非是从对象意识和自我意识中产生的东西,它反而是对象意识和自我意识的根据,是它们两者本源的统一和真理。也就是说,因为人有了理性,人才能有对象意识和自我意识。这一小节说得很抽象,待我们读完这三个阶段,就能理解。

一、意识本身(对象意识)

(一)感性意识

§ 418

意识首先是直接意识,意识仅是对对象的简单的确定性,意识认为对象就是直接的、存在着的、自己映现出自己的东西,进而认为对象是个别的东西,这就是感性意识。

说明:意识只是抽象的自我,意识与对象的关系是形式逻辑的范畴,这些范畴在意识看来是对象的规定性,因而感性意识只知道对象是一个存在着的某物,是个别的东西。感性意识的内容似乎是最丰富的,但在思想上却是最贫乏的。那些丰富的内容是由种种感觉构成的,这些感觉内容就是意识的材料,即人类学范围内进入灵魂的东西。灵魂或自我认定这些材料是外在存在,而存在无非是个别东西在空间和时间中的存在,即"这里"和"这时",如在《精神现象学》一书中对感性对象所规定的那样,严格说来都属于直观。在感性意识中,对象是意识之外的东西,即在时空中的存在。

附释:上一小节提到把确定性提高到真理须经过三个阶段。第一个阶段"精神是对象意识",这个阶段自身内包含三个层次:感性意识,知觉意识,知性意识,这三个层次显示出一种逻辑的进展。

在感性意识看来,对象是一个完全直接存在着的东西,但这种直接性没有真理,必须探索对象的本质,这就进展到知觉。

如果要探索对象的本质,意识就不再是感性的,而是知觉意识。在知觉意识的立场上,个别的物与普遍性共相有关,但个别性与普遍性还没真正统一,只是混合。在知觉意识中,"一"和"多"的矛盾没得到解决,所以意识进一步进展到知性。

在知性意识里,对象被降低为现象,现象是相对人而言的,这样对象就转变为主观的东西,意识发现自己才是对象的本质。同时,对象成为现象,促使对人的考察,因而过渡到自我意识。

对这三个层次的一般性分析后,现在让我们转入对感性意识的考察。在感性意识里,对象还没有进一步的规定性,它只是存在,是一个与我对立的他物,一个自己映现自己的东西,一个个别的东西。感性对象的内容,比如气味、味道、颜色等都只是我们的感受,至于它在时空中的存在形式,也是我们通过直观而赋予它的规定性,因而对象的规定性实际上是我们的思维所建立的,是我们把这些规定性集中到一个在我之外的东西上。因此在感性意识里,对象只是被给予的,感性对象对意识来说本身没有确定性。

§ 419

感性对象作为某物就是意识的他物,某物有许多特性,比如盐的特性就有白、咸、颗粒状。但这些特性并非盐所特有,其他东西也可拥有,因此这些特性就是普遍性。感性的对象有许多个别的东西,许多个别东西就构成种种关系、种种映现规定、种种普遍性的杂多。这些关系、规定和普遍性是由思维建立的,或者说是由自我建立的逻辑规定,自我对对象建立这种规定就是知觉。

附释:感性意识的内容是辩证的,感性对象是个别,但它是所有个别中的一个,正因如此它就不是个别,因为它排斥他物而与他物相联系,就表明它是依赖他物的,是为他物所中介的。个别东西的真理就是它与他物相联系,这种联系我们称之为映现规定,也就是说,桌子之所以是桌子,是因为它不是椅子、不是床、不是大橱,通过对他物的排斥,从而映现出它是桌子。理解到这些规定性的意识就是知觉。

(二)知觉

§ 420

知觉意识不再把对象看作单纯的直接存在,而是探索对象的普遍性。对象事物是"一",对象事物的属性是"多",对象就是事物与属性以及诸属性间的关系,就是事物与属性的结合,这就是事物的规定性。因此,意识与对象的同一性不再是感性确定性,而是意识与这个规定性的同一性,即认识到事物的规定性。

说明:康德哲学的意识就是知觉,知觉是我们通常的意识观点,也是各门科学的观点。知觉从感性材料出发,依照逻辑范畴,通过反思事物与属性的关系,形成经验。

附释:虽然知觉从感性材料出发,但它不停留在观察,不局限于嗅、味、看、听、触,而是进展到使感性材料与普遍性发生关系,认识到每个个别事物都有自己内在的联系,即事物与属性的联系,并探索个别事物与个别事物之间的联系,即事物间的因果关系。但这种探索也有缺陷,每个事物都有其成为该事物的原因,原因还有原因,无穷追索,以致无限,这就是经验论的立场。但是哲学必须从经验论的无穷原因追索中走出来,提高到对事物绝对必然性的证明。在此还需补充一点,我们在§415中提到,对象的变化是概念的辩证运动,对象在逻辑上的进展与主体意识是有关联的,但知觉只看到对象的变化,没认识到这变化与主体意识的关联性。

§421

在知觉里,个别性与普遍性的结合只是混合,个别性是知觉认识事物的根据,它与普遍性是对立的。知觉里的矛盾就是:个别性与普遍性的矛盾,事物作为"一"与属性作为"多"的矛盾。正是这些矛盾的存在,将知觉推进到知性意识。

(三)知性

§422

知觉认识到对象其实是现象,而知性则进一步认识到这个现象是内在东西的映现,内在东西是事物的普遍规律。知性认识到,一方面属性是"多",但这个"多"被事物所统摄,因而事物是"一",事物具有同一性,另一方面属性与属性有别,这些属性自身也是"一"。知性就这样通过现象达到了规律的王国,事物的现象下面隐藏着规律。

　　附释:上一小节中事物的"一"和"多"的矛盾,在知性中得到了初步的解决,因为知性认识到属性是属于事物的,属性是事物内在东西的显现,这样对象事物的矛盾就进一步发展为事物与其本质的关系。意识提高到对事物内在东西的理解,意识到对象是自我建立的,自我就成为了知性意识,知性相信只有在那个非感性的内在东西那里才有真理。但是,最初那个内在东西与事物还只是抽象的同一性,比如力和力的表现的同一,原因与事物的同一,这是知性最初的认识。真正内在的东西必须是具体的,是自身内有区别的,这样来理解的内在东西就是事物的规律,即一分为二和合二为一。比如橡树种子是当下的存在,它的目标是长成嫩芽,种子与嫩芽就是一分为二;当它长成嫩芽,就是合二为一;这时嫩芽的目标是长成橡树,这又是一分为二;当它成为一颗橡树,又是合二为一。事物的发展变化无不是一分为二和合二为一的循环,这在《精神现象学》一书中称之为"无限性",这个无限性是事物发展变化的规律。因为规律是事物的本质,这个规律无论在自然界还是在伦理世界,都显现为一种统一性(合二为一),一种必然的内在联系。比如,行星绕太阳一周时间的平方和它的距离的立方成正比;比如,犯罪的概念里本质上就包含它的对立面——法律惩罚。这种统一性只有理性的思辨思维才能理解,但知性意识已经在现象的多样性中看到了。规律是存在于世界内的种种规定,知性意识在这些规律里重新发现了自己的本性,因而把自己作为了对象。

§ 423

知性意识发现事物内在的规律是一分为二和合二为一,这是事物发展变化的必然性,由于一分为二是手段,合二为一才是目的,因此一分为二产生的区别就不是区别的区别,最终回归统一性。通过对事物规律的发现,自我认识到自己也是一分为二的,分为意识和对象,意识是能思维的主体,对象是作为躯体的客体,但主体和客体并非彼此独立,对象就是意识本身,这就过渡到自我意识。

附释:通过发现事物的规律,即一分为二和合二为一,自我重新发现自己也是一分为二的,一个意识主体,一个存在的躯体,两者又是统一的,因而就过渡到自我意识。但知性尚未达到这种自我的能动性,对这种对立统一还不理解。人作为有生命的有机体,生命是内在东西,躯体是外在的,两者既是互相否定的,又是扬弃这种否定达到完全统一的,生命必须被理解为内在目的,而构成躯体的所有环节都只是手段。在既对立又统一的辩证意识中,就产生了自我意识,即有关自我的知。

二、自我意识

§ 424

意识的真理是自我意识,自我意识是意识的根据。自我意识的公式是"我=我",这是自我确定性,即知道自己的存在,因为我的对象就是我自己,所以我与对象没区别,但这种直接的自我意识是抽象的纯粹的观念性。意识是对象意识,即意识与外部世界的联系,当我说"这是一棵树"时,这是对象意识,但这个判断其实是"我说这是一棵树",因此任何判断中都有"我"在里面。康德说"我的一切表象都是我的表现",这表明在对象里我知道我的存在。所以"自我意识是意识的根据",也就是说,任何一个对象意识中都有自我意识。

附释:自我意识的公式是"我＝我",它宣告了理性和自由,即认识到意识中的一切东西都是我的东西。这表明在我的所有意识中,既有外部对象,也有一个我。但是,这个自我和对象的统一,最初只是以抽象的方式存在于直接的自我意识中,只是被我们考察者知道,自我意识自己是并不知道的,因此自我意识最初还不拥有自由。

§ 425

抽象的自我意识与意识是矛盾的。意识是对象意识,即意识与外部世界的对立;抽象的自我意识是"我＝我",是对自己的确定性。但是,由于所有的对象意识中都有一个"我",即"这是一棵树"这个判断其实是"我说这是一棵树",于是意识接纳了外界事物,自我意识又扬弃了外界事物的客观性,将之建立为自己的观念性,这个过程就是意识与自我意识的同一化过程。

附释:抽象的自我意识的缺陷在于,它与意识互相对立。在意识中,自我为一方,外部世界为另一方,两者之间有区别,这就构成了对象意识的有限性。抽象的自我意识只是"我＝我",它没有内容,它与意识的分裂,使得意识看不到所有的判断中都有一个"我",因而意识不到外界对象其实就是我的内在思想,这就构成了意识的内在矛盾。解决这个矛盾是这样的,意识接纳外界事物,自我意识要扬弃这些外界事物的客观性,将之建立为我的观念性,这样自我意识就真正渗透到意识中,达到意识与自我意识的统一。

为了达到这个目标,意识必须经过三个发展阶段:

在第一阶段,自我意识是对自己存在的确定性,因而与自己对立的任何对象,不管是他物还是他人,都只是表面独立的、微不足道的。这就是欲望的自我意识。

在第二阶段,自我意识有了一个他者,因而产生了一个自我意识对另一个自我意识的关系,这种关系就是互相承认。在互相承认中开始了一种个别性与普遍性的联系。

在第三阶段,每个个别性的人都意识到与他人的同一性,这就出现了普遍的自我意识。

(一) 欲望

§ 426

直接的自我意识只是抽象的观念性,即"我＝我"这种自我确定性,但它同时又是一个同外界相联系的意识,因而本身就是一个内在矛盾。就自我意识看来,外界客体是微不足道的东西,而对于意识来说,自我意识这种抽象的观念性同样是微不足道的,重要的是占有外界客体以维持自己的存在。因此自我意识就是欲望。

附释:欲望是自我意识第一阶段的形式。欲望就是冲动,冲动是一种未经思考就力图占有外界对象,以满足自己的欲望。自我意识是自我确定性,但自我意识中包含着意识,意识是同外界对象相联系的,因而自我意识与意识既是同一的,又是矛盾的。有矛盾就会出现扬弃矛盾的必然性,这就是冲动。自我意识认为外在客体是没有真正实在性的,我要占有它以满足欲望,比如我把这块牛肉作为食物吃下去,这样我才能达到自在自为的整体性。

§ 427

自我意识在占有对象中知道了自己的存在,占有对象使得自我与对象成为同一性,这种同一性是"为自我"的。对象一方面是自在存在,一方面又是为自我意识而存在,对象不能抵抗自我意识对它的占有。

  附释:自我意识在对象中看到了自己的缺陷,只有占有对象,消耗对象,才能保存自己,这是自我意识具有的绝对能动性。弱肉强食是自然界的规律,弱者成为强者的食物,这是弱者概念中的本性规定。通过自我占有对象,自我意识与外界对象有了联系,也就扬弃了自我意识与意识的矛盾。

§ 428

  自我占有对象,固然扬弃了自我意识与意识的矛盾,自我意识成了现实的东西,但对象也被消耗了。所以欲望在其满足中总是破坏性的和暂时性的,又会产生新的欲望。

  附释:欲望对对象的占有和消耗是破坏性的态度,而不是塑造性的态度。破坏性的态度,消耗对象,产生新的欲望,再消耗对象,再产生新的欲望,这只会导致无限的循环。塑造性的态度,就会让对象保存下来,在对象中获得自己的满足。

§ 429

  自我在这种占有中,感觉到永远无法获得真正的满足,于是自我不再停留在抽象的自为存在,而是提升到自我意识与对象的同一性。这时自我意识产生了自由客体的意识,也就是说,自我意识认识到应该有一个客体存在于自身之外。

  附释:单纯占有性的满足,使自我意识陷于欲望和满足的无限交替。但按照概念,自我意识应该有一个自由的客体,即另一个自我意识,只有在另一个自我意识里,自己才能获得真正的满足。因此,问题不在于消灭对方,而在于争取对方的承认,于是欲望的自我意识就过渡到承认的自我意识。

（二）承认的自我意识

§430

这种自我意识需要一个他者，在他者中自我得到确定性。这个他者也是一个直接的定在，一个独立于我的人。这样就是两个自我意识的矛盾，每个自我意识都要表明自己是自由的，并必须通过对方来证明自己的自由，这就是承认的过程。

附释：承认的自我意识是自我意识的第二阶段，这里面包含着矛盾，一方面自我是普遍性，是为一切人所共有的本质，因此两个自我意识构成同一性；另一方面又是两个自我意识，他们以不妥协和不可接近的态度彼此对立，并维护自己的持存。

§431

承认的过程是一场战斗，通过战斗，要么杀死对方以确定我的自由，要么我战死以确定我的自由。

附释：承认的自我意识就是两个自我意识主体或两个直接定在之间的关系，也就是两个人之间的关系。对方是人，你不可能像对待食物那样把他吃掉，而是要对方承认你的自由。真正的自由是双方互相承认，一方在对方的自由中看到自己的自由。但在原始社会，人的意识困于自然性，自然性正是使人与人互相排斥，阻碍互为自由的东西，也就是"非我族类，其心必异"的心态。因此原始人为了挣得自己的自由，只有将自己和对方的生命孤注一掷，他们相信只有通过战斗才能获得自由，保证是不足以得到自由的。根据这个观点，人只有通过使自己和他人陷于死亡危险来证明自己有能力得到自由。

§432

这种要求承认的战斗就是一场生死战斗,一个人要将对方杀死,自己也冒被杀的危险,双方都要保存自己的生命,目的是确定自己的自由。一个人的被杀,从一方面看,是消除了矛盾,但从本质来看,幸存者自由的被承认同时也被取消了,其结果是产生出更加深刻的新的矛盾。

附释:争取承认的战斗,目的是证明自己的绝对自由。一个被杀,一个幸存,看似矛盾解决了,但这只是一种消极的解决。战斗的一方死了,承认也就没了,幸存者如同死者,同样得不到承认。企图通过战斗证明其自由的人,他的自由不但没得到承认,反而引出了新的更大的矛盾。

这里还需说明一下,这种极端的要杀死对方的心态,只出现在原始社会,而不出现在市民社会和国家,因为在市民社会和国家里,人的自由已得到承认。国家可能通过暴力产生,但国家不能基于暴力,暴力在国家里只是法律和宪法的保证。支配一个国家的是民族精神,即伦理和法律。国家公民作为理性的、自由的、得到承认的人,则要约束自己的自然性,服从国家伦理和法律,使自己配得上这种承认,从而以一种普遍性对待他人,即承认他人是自由的,也从他人获得对自己的承认。另外,不要把决斗与争取承认的战斗混为一谈。决斗是市民社会和国家的一种发展了的形式。在封建社会里,决斗被赋予某些礼仪,是骑士不失体面的形式。但决斗是以自私自利为基础,并非真正荣誉的证明,反倒是野蛮、虚荣、无耻的证明。在我们现代国家里,决斗只能是一种人为的倒退,倒退到中世纪的野蛮。决斗即便有某种合理意义,也无非证明了这个人不怕死而已。

§433

由于生命和自由同样重要,战斗便演变为一种不平等的结果,即战败方为保持自己的生命,而宁愿放弃对自己自由的承认,战胜方获得了战败方对他的承认,这就形成了主奴关系。

说明:争取承认的战斗和屈从于主人,是国家的产生和人们共同生活的开始。在这种现象中,暴力并非法的基础,只是自我意识由个体性向普遍性过渡中的必要的合理环节。暴力是国家外在显现的开始,而不是国家实体性的原则,也就是说,暴力可以缔造国家,但不能治理国家。

附释:主奴关系扬弃了自我意识的特殊性与同一性的矛盾。在主奴关系中,最初是奴隶放弃了自己的自我意识,只要生命能得以持存,奴隶完全以主人的意志为自己的意志,继而主人出于自己的需要,产生了对奴隶生命的关怀。这样主人和奴隶的自我意识就被建立为片面的同一性。在古希腊和古罗马,人们还没有绝对自由的概念,他们没认识到,人作为人,作为普遍的自我,作为理性的自我意识,是有权自由的。古希腊的自由民是由出生决定的,父母是自由民,你就是自由民,这还是自然性规定。所以古希腊是奴隶社会,古罗马也是奴隶社会,在那里发生过奴隶为争取自由的流血战争。

§434

主奴关系的双方都有需要,主人需要奴隶的服务,奴隶需要保命。主人让奴隶对物进行获得、保持和加工,这种加工就是把物的"独立性"改造成"非独立性"的产品,奴隶成为了物与主人的中介,因此,奴隶的劳动就是满足主人需要的持久手段和对未来的保证。

§435

其次是区别,主人在取消奴隶的自为存在中,即在奴隶的服务中看到自己自为存在的权势,奴隶则在为主人的服务中耗空了自己的个人意志,取消了欲望,并在这种放弃中开始了智慧,即向普遍的自我意识的过渡。

附释:由于奴隶为主人服务,奴隶在对物的加工中,不仅包含自己的欲望,也包含了主人的欲望,这样奴隶就超越了其自私的个别性,就其价值而言就比主人更高。克服自己的利己主义,学会服从,这是每个人必要的教养。为了成为自由的、有自制能力的人,所有民族最初都必须屈从一个主人的严格训练。比如,梭伦改革赋予雅典人以民主的、自由的法律后,僭主皮希特拉图就设法强迫雅典人服从那些法律,只有当这种服从在雅典人中扎了根,皮希特拉图的统治才成为多余。同样,罗马人的爱国主义是罗马国王严厉统治的结果。所以,奴隶制和专制统治在各民族的历史中都是一个必经的阶段,并因而是某种相对合理的东西。谁没有勇气冒生命危险去争取自由,他就永远只能当奴隶,如果一个民族不仅幻想自由,而且现实地具有坚定的自由意志,就没有任何力量能奴役这个民族。

奴隶的服从只构成自由的开始,因为奴隶的自我意识还只是个别性的意志,尚未达到普遍的理性的意志。所以服从只是自由的一个环节,即对利己主义的否定。真正现实的自由必须具备两个条件:一方面,奴隶的自我意识要摆脱个别性,领会到普遍的理性的意志;另一方面,主人的自我意识,在取消奴隶的个别性意志的同时,也取消自己的个别性意志,使自己的利己主义屈服于意志的自在自为的规律,这个规律就是普遍的自我意识。

（三）普遍的自我意识

§ 436

普遍的自我意识就是通过他人认识到自己,认识到每个个别的人都有绝对的独立性,由于都否定了自己的欲望而具有同一性,每个人都知道自己之所以被他人所承认,是由于他承认他人的自我意识和自由。

说明:普遍的自我意识,就是既知道自己是个别的自我意识,也知道每个人都是自我意识,这就构成了伦理实体,即个人对家庭、国家、美德、爱情、友谊、勇敢、荣誉、名声等的意识。

附释:争取承认的战斗上升到精神性的概念,其结果就是第三阶段的普遍的自我意识,即认识到与我对立的对方也是一个自由的独立的自我意识。在这个立场上,相互联系的自我意识主体通过取消自己的个别性,把自己提高到相互同一性和普遍性,即全体的自由意志。与奴隶对立的主人还不是真正的自由,因为他没在奴隶中看到自己,只有通过奴隶的自由,主人才能成为完全的自由。这就是"人同此心,心同此理"。每个人既是自由的、独立的,同时又是彼此同一的,因而又是非独立的。这种关系完全是思辨性质的,思辨思维就在于主观与客观的统一。普遍的自我意识构成伦理实体,每个人都具有家庭意识、国家意识,以及对美德、爱情、友谊、勇敢、荣誉、名声等的意识。

§ 437

在意识与自我意识的统一中,起初还映现着个别的人,我意识到我是个别的,他也是个别的。但这些个别人之间的区别在同一性里是模糊的,其实是没区别的区别,因为都是自我意识。因此,真理就在于每个人都是自我意识,每个人都是自在自为的普遍性,这就是理性。

说明:理性作为理念,它是概念与存在的统一,概念是自在自为的,那么我们就要进一步探讨,意识与对象究竟是怎样一种对立形式。

附释:普遍的自我意识,它的真理性就是理性的概念,理性的概念就是理念,理念就是概念和存在的统一。普遍的自我意识是自我与他者的同一,这就建立了主观性与客观性的统一,即普遍性。自我意识达到普遍性,它就停止其狭义的意义,扬弃了个别性的自我,自我意识就成为理性。最初的理性还只是意识与对象形式上的统一,即认识符合对象即为"正确",但这种"正确"没有任何真理性。只有当真实的内容成为我的对象,我的理智才获得具体意义上的理性的含义,不过具备这种含义的理性我们要到§467时加以考察,在那里我们才会认识到,理性是主观与客观的真正的统一。

三、理性

§438

理性是自在自为的真理,这真理就是概念的主观性与存在的客观性的同一。因此,理性的普遍性既有客体的意义,又有主体把客体包含在自身中这种形式的意义。

§439

所以,自我意识是这样的确定性,事物的种种本质规定是对象性的,即属于事物自身的,同时又是自我意识的种种思想,即属于意识主体的,这就是理性。理性是知的真理,真理就是一种确定性,这个确定性包括自为的概念、自我、普遍性,真理是独特的规定性,是主体内在的思想形式,这个知的真理就是精神。

第三章　心理学　精神

黑格尔这里所说的"心理学"，不是通常意义上的心理学，而是"精神学"，它的对象是精神。这里所说的"精神"是狭义的，只是广义的精神的一个发展阶段，即灵魂与意识的统一。

§ 440

灵魂是一个直接的整体，意识是一种知，精神是灵魂和意识的统一。精神现在作为知与内容不再是对象关系，不受意识内容所限制，而是对既非主观也非客观的实体性整体的知，也就是精神对自己的知。因此精神只与自己的规定性保持关系。

说明：心理学要考察的是精神本身的能力或普遍的活动方式，如直观、表象、记忆、欲望等。精神是超越物质之上的，它摆脱了自然规定和对象的纠缠。但这并不是任意的抽象，精神要做的是扬弃它的直接性形式，实现它的自由概念，即把感受提高到直观，把直观改变为表象，把表象改变为思想。

附释：自由精神是这样的理性，它把自己分开，一方面是不受对象限制的知，另一方面成为与这种知同一的客体，因此客体就不是外来的，而是精神自己建立的，于是精神就有了这样的确定性，确知客体就是概念，概念是客观的。自由精神就是人类学和精神现象学这两个阶段的统一，或者说是灵魂和意识的统一。自由精神与灵魂相同是主观性的，自由精神又与意识相同是客观性的，因而自由精神的原则是，把存在于意识中的东西建立为灵魂，使灵魂成为客观的东西。灵魂只是直接的整体，即灵魂包

黑格尔《精神哲学》浅识

含着躯体；意识这个整体也被分为自我和对象；而精神必须被看作是对真理的自知。当然，对真理的知最初甚至不具有真理的形式，因为它还只是某种抽象的东西，只是主观与客观形式上的同一。只有当这种形式上的同一发展成现实的区别，又将这区别归于同一，只有当精神作为自身内有区别的整体出现时，对真理的知才达到真正的确定性。

§441

灵魂是有限的，因为它有其自然规定性；意识是有限的，因为它有一个对象；直接精神是有限的，因为它的知是主观性的，知并不关心什么东西被规定为概念和概念的实在性何在。理性的无限性在于，它把事物看作概念，它也知道这个概念，概念存在于精神中，这就是概念的实在性，由于概念不再受事物的牵制，因而理性是无限的。因此，直接精神之所以是有限的，因为它的知没把握理性的自在自为，或者说它的知还不是理性的知。理性的无限性只是就它的绝对自由而言，所以它预设自己是知的前提，理性扬弃事物的直接性，用概念来认识事物和自己。

附释：自由精神是主观与客观的统一，是形式与内容的统一，因而是一个无限的整体。这种理性的知，是主体性的自为存在，是永恒的。精神的有限性在于，它受到对象的限制，未达到思维与存在的同一，但这种有限性不是绝对固定的，有限精神自身的矛盾必然促使精神走向无限性。精神自己建立对象，使客体主观化和使主体客观化，精神就成为了自由精神。

§442

精神是发展的，它的实存是知，它的目标是使这个知得到客观性，成为自由的知；只要精神以理性为目的，它实现目的的活动就是其内在本质的自我显现。

说明：我们所说的精神的发展，与孔狄亚克（法国唯物主义感觉论者）哲学有别。孔狄亚克所强调的感性东西固然是精神的基础，但仅仅是一个出发点，精神必须扬弃这个感性东西，精神发展中的种种活动方式揭示的是精神发展的必然性。精神的活动体现的是它的最终目的，即使得知成为客观的自由的知。如果只从有用性的角度，把种种精神活动看作人的能力，那就没什么最终目的了。

附释：精神的实存是知，但它是一个有自己内容的知，于是内容似乎是一个给予的、外来的东西。但这只是外表，通过对这个外表的扬弃，精神证明自己是决定自己的，对外在东西是否定的，是从自身产生实在性的观念。所以，精神的活动并非局限于单纯的接受，而是创造的活动，尽管它的产物或多或少仍然是观念性的东西。

§443

意识只自在地是自我与对象的同一性，精神则自为地把这同一性建立起来，因而精神知道这个具体的统一性。精神是遵循理性规定的，即内容既是自在存在，也是属于精神自己的。因此，精神的规定性是双重的：存在着的东西的规定性和精神自己的规定性，前一种规定性发现某物是自在存在，后一种规定性确定某物只是精神自己的。因此，精神要经历：理论精神，实践精神，自由精神这三个阶段。

附释：意识不是冲动，因为意识有直接对象；精神是冲动，因为精神本质上是活动。

从表面看，精神有一个外来的客体，这个客体是给予的、个别的、偶然的东西，但精神必须把它变更为内在的、主观的、普遍的、必然的东西。这种变更就是理论精神,它反对把客体当作外在直接存在,也就是说,我知道客体存在,它是客观的东西,同时我也知道客体是我里面的思想,因而是主观的。这样客体就不再是一个与我对立的否定物。

实践精神采取相反的出发点,从自己主观规定出发,使这些规定成为客观的东西,也就是说,他反对把我里面的思想当作纯粹主观的东西。

理论精神与实践精神的方式有别,但这种区别不是绝对的,自由精神就是扬弃两者的片面性,让主观与客观达到统一。

§444

理论精神和实践精神都还在主观精神的范围内,主观精神是创造性的。就内部来看,理论精神的产物是观念世界和抽象的自我决定;实践精神给内容以普遍的形式。就外部来看,由于主观精神是灵魂与意识的统一,它的产物在理论领域就是话语,在实践领域就是享受。

说明:心理学(指黑格尔的精神学)一直处在恶劣的处境中,虽然康德哲学的转向赋予心理学以重要性,心理学应该成为形而上学的基础,但它的处境并没多大转变,因为人们放弃了对精神的必然性的认识,即放弃了概念认识。

附释:有一种错误的认识,好像理论精神只是接受外部东西,是被动的,实践精神是产生某种东西,是主动的。事实上,理论精神不是单纯接受,它把对象从外在性提升为理性的形式,因而是主动的;反之,实践精神也有被动的一面,因为它的内容虽非由外部给予,却是由内部给予的,它要借助于思维的知,借助于理论精神。还有一种错误的区分,认为理智是受限制的,意志则不受限制。恰好相反,意志要同外部的个别事物进行抵抗,与他人的意志作斗争,所以是受限制的;而理智只进展到话语,并且是概念认识,它自始至终在自己中,因而是不受限制的。主观精神的两种方式——理智和意志,最初只是形式上的真理,因为内容尚未符合形式。在理论精神中,对象一方面是主观内在的思想,一方面还留在主体之外,主观性还没绝对渗透到客体中,因而客体就不完全是由精神建立的。在实践精神中,主观性还不是绝对普遍的东西,而是某种个体的个别性的东西。如果精神克服了这两个缺陷,使内容不再与形式分离,真正达到主客观的统一,由理念构成精神的唯一内容,这样主观精神就过渡到客观精神。客观精神认识到它的主观性在真理中构成客观性,并把自己理解为自己的内在理念,而且把自己作为一个外部世界产生出来。

上面四个小节(§440—§444)是对心理学也就是精神学的概论,说得非常抽象,读完下面的详细分析,回头再看这个概论,就会理解了。

一、理论精神

理论精神又叫理智,在理智中,占主导地位的是知,即对知识的追求,所以理智的活动就是认识。

§445

理智作为知,就是把它所发现的东西建立为自己的东西的这种活动。现在理智发现了理性,它要成为理性的知,或者说,把单纯的知提升为合乎理性的知,这种合理性的知就是认识。知被提升为合乎理性的,也就是符合概念。这个提升的过程,是由概念的必然性决定的,是从一个规定过渡到下一个规定。

说明:把理智与意志区分开,这是错误的,这是把两者误解为一种固定的、彼此分离的实存，以致意志可以没有理智，理智的活动也无须意志参与。理智被称为认识，并不意味着直观、表象、回忆、想象可以和认识齐肩并列，它们只是认识的各环节。

　　附释：精神起初还只是直接性的形式，因为它把理性当作在它之外的存在，继而精神把理性从外在性变为内在性，将自己变为理性的精神，这就是理智，就是概念认识。认识必须与单纯的知区别开，意识已经是知，单纯的知只知道对象是存在，而认识不仅要知道对象存在，而且要知道对象的本质。比如，人们常说，我知道上帝存在，但我无法认识上帝，这话的意思就是，我有上帝抽象模糊的表象，但我不能把握他的具体本质。宗教只立足于表象意识，而不是立足于理智。

　　为了使下面的分析能一目了然，我们现在对理智向认识发展的形式上的进程作预先说明，这个进程如下：

　　首先，理智有一个直接的客体；

　　其次，理智有一个内在化了的材料；

　　最后，理智有一个既是主观也是客观的对象。

　　这就产生三个阶段：

　　直观，这是与一个直接个别的客体相联系，客体是知的材料；

　　表象，从客体的个别性退回到理智内，并使客体与一个普遍东西相联系；

　　思维，这是用概念认识对象，同时认识到我们的思维也是客观存在。

　　直观又可分为三个步骤：

　　感受，这是对直接材料的感受；

　　关注，这是使客体与自己分离，又把客体固定为我的对象；

　　真正的直观，这是把客体确立为一个在自身外的东西。

理智的表象阶段分为：回想，想象力，记忆。

理智的思维阶段以下列东西为内容：知性，判断力，理性。

（一）直观

这里说的直观不是通常意义上的"感性直观"，而是"理智直观"，是一种充满理性确定性的意识，这种意识的对象不是被割裂为许多方面的个别东西，而是一个整体，一个由诸规定充实的集合体。

§ 446

精神作为灵魂是自然规定，作为意识是与一个对象的关系，精神作为理智是这样的规定：

1. 精神是内在活动，精神拥有知的全部材料

由于精神最初只是直接地发现材料，在这种直接性中，它是个别的和主观的，只是作为感觉的精神出现。

说明： 在这里的感觉只是抽象地具有一般直接性的规定。

附释： 之前我们两度谈到感觉，每次都是就一个不同的方面来谈的。第一次是在灵魂那里，灵魂在其清醒时是感受，并通过扬弃感受达到对自身的感觉，最后把自己理解为自我或意志。第二次是在意识那里，感觉是在客体里出现的意识的材料。现在第三次考察感觉，它是构成灵魂和意识的统一。在理智里，感觉的内容摆脱了灵魂和意识中的片面性，因为现在这个内容既是主观的又是客观的规定性，理智就是要把精神确定为主观与客观的统一。

§ 447

感觉是直接性的，你感觉到那个东西是热的，它就是热的，因此尽管这种感觉内容是真实的，感觉依然是偶然的、特殊的。

说明：人们最初认为，精神在感觉中拥有种种表象材料；继而人们认识到，意识区分为主体和客体；后来人们又通过客体研究感觉的规定性。现在这些观点都过时了，在理性中，感觉材料已经被设定为内在于精神中的东西。精神作为感觉的精神就是自己的材料，这些材料是理性的、自在自为的，因而理性进入到感觉中。但是，精神在感觉中的形式是个别的、低级的，它的内容是偶然的、主观的、特殊的东西。因为感觉是主体与客体的直接形式，主体对客体首先是特殊的自我感觉，这种感觉是有限的、片面的，并且是主观的。

附释：整个理性，即精神的全部材料都存在于感觉中。我们关于外界自然、法律、伦理、宗教内容的一切表象、思想和概念都是从感觉发展出来的，所以古人说，人们从感觉中形成了他们的神。但是，这种发展常常被误解为，好像理智原本完全是空虚的，一切内容都是从外部接受得来的，这是错误的。因为理性从外部接受的东西实际上是理性的东西，是与精神同一并内在于精神的。因此精神的目的就是：扬弃对象的外在性，使之成为内在思想。

§ 448

2. 精神作为理智的第二个规定是：感觉精神分两个环节

一个环节是关注，没有关注精神就什么也没有，这种能动的内在化是精神自己的环节，但只是理智的形式上的自我决定。另一个环节是，理智把感觉内容设定为一个存在着的东西，这个存在着的东西与关注是对立的，是关注的抽象的他物，理智就这样把感觉内容外化到空间和时间中。就意识而言，材料是意识的对象，但理性的规定则是：对象是精神自己的他物。

附释：感受只是理智同外界事物最初直接的接触，因此理智要扬弃简单的感受，把感受内容规定为既与自己分离的，又是理智自己的东西，即"我的"对立物。我是通过分离和重建统一这种双重活动，达到对感受内容的把握。首先是关注，没有关注，把握对象是不可能的，只有通过关注，精神才会抵达对象，这时精神得到的虽然不是知识，起码也是对对象的知悉。关注必须这样来理解：它用一种内容充实自己，这内容既是主观的也是客观的，或者说，这对象既是独立存在，同时又是我的对象。因此在关注中，主观东西和客观东西先是分离，又被重建为统一。关注依赖于我的任意性，但这并不是说关注是容易的，关注需要排斥一切干扰，全神贯注于某个对象事物。在关注里，主观与客观的统一是占优势的，两方面的区别是不明确的，理智必然要去展示这种区别，即以明确的方式把客体与主体区分开。理智最初的区分就是直观，因而有必要解释直观中被感受的内容是如何被客观化的，这方面要讨论的既有内部的也有外部的感受。

（1）内部感受

人在感受中是屈从于情感控制的，如果他能把感受带到直观中，把他的感受变为某种外在于他的东西，他就能摆脱这种控制。比如你在听音乐时异常感动，泪流满面，只要你能意识到这毕竟是音乐，把音乐看作自己对面的东西，你就会恢复情绪平静。可见内部感受可通过反思，将情感与自己分离。

（2）外部感受

外部感受与我们的分离性，取决于它的持存性和消逝性。嗅觉与气味打交道，味觉与味道打交道，气味会挥发，味道在口中会逐渐消逝，它们的持存性最小。与触觉和视觉打交道的是物，物是持存的东西。听觉的对象是声音，声音是物发出的，因此听觉的对象是物质上持存、观念上消逝的东西。因而，持存性最大的是触觉和视觉的对象，其次是听觉对象，最小的是嗅觉和味觉的对象。持存性大就意味着分离性大，气味和味道与感受的分离性最小,声音与感受的分离性比气味和味道大些,触觉和视觉的对象物与感受的分离性最大。分离性大就意味着它可以被作为客体与主体区别开。

因此,直观的活动就是把感受到的东西改造为存在于空间和时间中的东西。通过这种改造,感受的内容并没改变,内容作为精神和外在对象还是同一个东西。通过直观所完成的,只不过把内在形式转变为外在形式,这就是理智活动最初的形式上的方式。关于这种外在性的意义必须注意两点:第一,感受内容在它成为一个外在客体时,它就获得了一个外在的形式;第二,由于感受内容的改造是从精神出发的,感受内容就获得了一种抽象的外在性,并通过这种抽象的外在性而分有了一种无内容的普遍性,这普遍性就是空间和时间。因而感受通过直观就被设定为空间性和时间性的,空间性东西的形式,表现为彼此并列的存在和静止的持存;时间性东西的形式,表现为非静止的和前后相继的。但这两种形式是同一的,在自身内既是绝对分离的,又是绝对相连的。外在对象自身之所以包含这种绝对分离的相连性,正在于它是抽象的普遍性。

但是,当我们说感受内容从直观那里获得空间和时间的形式时,我们不可以像康德那样,把空间和时间看作纯粹主观的直观形式。事物本身就是空间性的和时间性的,那是永恒的理念本源地给事物配备的,而非我们的先验功能给予事物的。因此,事物的辩证的发展变化,那是事物自身的规定性,而不是我们主观的规定性。

§449

3. 理智作为上述两个因素的统一

理智作为上述两个因素(关注和感受内容外化为存在于时

空中的东西)的统一,就具有这样的规定:将外在存在的材料内在化,将内在化沉没到外在存在中。

这就是直观。

附释:严格说来,直观同表象有别,直观同感性意识也有别。"客体与我分离,同时又是我的客体",在这一点上直观与表象是共同的。但"客体是我的客体",这在直观里是自在存在的,客体的对象性占优势,也就是说,客体直接在我对面,成为我的客体;而在表象里客体是被建立的,我反思到我拥有客体,是我把客体建立为我的表象。关于感性意识与直观的不同,感性意识只是与客体的诸属性相联系,比如我们只看到白、尝到咸、摸到结晶颗粒,尚未把这些属性结合成盐;而直观则是在理性的确定性中,把这些属性看作一个集合体。谢林曾谈到理智直观,没有精神的感性直观只在事物的外围打转,充满精神的直观才能把握事物的纯真实体。

但理智必须从直观中走出来,因为理智是概念认识,而直观还没达到对象的内在本质,只抓住了外在的和偶然的东西。亚里士多德的名言"一切知识都以惊奇开始",惊奇是同直观相联系的,直观只是认识的开始,还不是认识本身。哲学思维必须超越"惊奇"的观点,真正的认识只能是概念认识,或者说理性的纯粹思维。

§450

理智把它的关注投向外在材料,在这种直接性中,是理智对自己的觉醒,即理智的启动。这样一来,直观就是理智与材料的凝结,就是理智自己,所以,理智就不再需要去发现材料,因为它已有了表象。

附释:根据单纯直观的观点,我们存在于"我们之外",即存

在于空间和时间这两个互相外在的形式中。理智在空间里沉没
到外在材料里，与材料合而为一，因而我们在直观中可能极不自
由。但理性规定材料是精神自己的他物（见§448），因此精神就
把材料建立为它自己的某种内在的东西，即在直观中能回想起
自己，并因而成为自由的。通过这种走进自己，理智把自己提高
到表象阶段。精神里有了表象，直观就被扬弃。扬弃不是消失
或过去了，当我们说直观被扬弃为表象时，其实我们说的是"我
看见了这个东西"。西方语言中的"现在完成式"绝不仅是表达
过去，而是同时表达现在，表达当下在我面前出现的东西。我们
在"现在完成式"中看到的是当下的精神，"看"这个动作是过去
了，但看到的"内容"还保持在精神中。

（二）表象

直观只是认识的开始，以为有了对事物的直观我们就已经
认识了事物，这是错误的。真正的认识是理性思维的概念认识，
只有提高到这种思维，直观才是获得知识的纯真形式。因此，理
智还必须把直观内容建立为自己内在的东西，在这种内在化中，
理智能回想起自己，从而把自己提高到表象阶段。

§451

表象作为内在化的直观，是从对象直观到思维的过渡阶段，
也就是说，这个阶段是理智从对客体的关系回到自身内，并使它
与普遍性相联系的阶段。表象是理智内在的东西，同时又受外
在客体的直接性制约，这就是意象。理智在表象中要做的，是使
直接性成为内在，使自己在自身内直观到它，并扬弃这个内在的
主观性，在自身内外化这个内在性，并在这个外在性里就是在自
己里。但是，因为表象活动开始于直观和材料，它就分为三个不
同的步骤，即回想、想象力、记忆，表象活动的产物是综合的，这

些综合只有到思维阶段才能成为概念的具体内在性。

附释:表象中精神的各个步骤,通常被看作是个别的、彼此不相依赖的能力。但哲学就在于,把握这些步骤间的理性关系,认识这些步骤的有机发展。为此我们对这些步骤作些预先的说明:

第一个步骤是回想,回想是非任意地唤起一种已经属于我们自己的内容。表象的内容就是直观的内容,而直观的内容来自外部客体,因此它既是存在,又是我们内在的东西。这样被规定的内容我们称之为意象。

第二个步骤是想象力。在想象力中,主观的表象与对象的内容是对立的。想象力思维对象,从对象中提取出普遍的东西,这些普遍的东西是对象自身的规定性,因而获得对象的特殊性。想象力以这种方式就停止其单纯的回想,而涉及对象的内容,认识到这些内容是普遍性,因而成为普遍的表象的回想。由于这里主观与客观是对立的,这些内容的统一不可能是直接的统一,仅仅是重建的统一。这种重建使得对象的内容提高到普遍性,使对象下降为一个符号,由此而使表象内容成为客观的、外在的、有形象的东西。

第三个步骤是记忆。在记忆里,一方面符号被回想起来,被接纳入理智,另一方面也给了理智一个外在东西、机械东西的形式,而这就产生了主观与客观的统一,这个统一导致向思维的过渡。

这些步骤的预先说明说得很抽象,下面将对这些步骤一一分析。

1. 回想

§452

回想就是理智把原先在外部时空中的东西,放入主体的内部时空中,把直观的东西变成内心的意象,从而使它摆脱原先的直接性、个别性,而被纳入自我的普遍性中。

附释:理智按其概念来说是观念性或普遍性,所以理智内在的时空就是普遍的外在时空。因此,当我把感觉内容设定到理智的内在中,并使之成为表象时,我就把这个内容从普遍的外在时空中提取了出来。这个内容原本存在于普遍的外在时空中的,我的感觉和直观也依赖这个普遍的外在时空,也就是说,对感觉和直观来说,事物的直接在场是必要的,但表象不需要这个直接在场,因为表象是理智内在的东西。其次,事物只是由于被接纳到理智中成为表象,对于我们来说它们才有时间上的持续性,可见表象是扬弃直观对象的直接性和个别性,才获得持续性的,也就是说,直观在成为意象时就变得黯淡了。

时间在表象中还有一种主观性:在直观里,我们沉浸在对事物的关注中,时间充满一种不断交替的内容,我们觉得它变短了;反之,在表象的回想里,我们关注自己的内在性,按照兴趣来规定时间,我们觉得时间变长了。

§ 453

意象是暂时的,理智作为关注必定有其时空性,即"此时"和"此地"。但理智不仅仅是意识和定在,理智还是自己种种规定的主体和自在,它是无意识地把意象作为内在化保存在自身中。

说明:理智就像个矿井,里面保存着无数的意象和表象,并且是被无意识地保存。这样的理解,一方面要求把概念理解为具体实存的潜在,就像橡树种子潜在地包含着橡树生长发展的一切规定一样;另一方面,理智必须被理解为无意识的保存,其中不同的意象和表象还没被分类建立。这种潜在就是表象活动的第一个形式。

附释:意象是我自己的,但最初意象与我还没有同一性,因为意象还没被思维，我和意象还只是直观的关系。按照这种关系，我是内在，意象是外在，因而我还没有充分的力量来支配矿井中的意象，还不能任意地唤出这些意象。无数的意象沉睡在我的理智中，但我不能想起它们，意象只是形式上属于我。

§454

这种被保存起来的意象为了成为定在，就需要一种直观，这种直观不是意识对外在对象的直观，而是对内在意象的直观，也就是理智直观。严格地说，回想是意象与理智直观的联系，是理智直观提取表象内容，以致理智在直观中就是内在于自己，并认识到表象是它自己的，同时理智知道，意象现在是直观的内容，直观证明了意象属于理智。作为理智的所有物的意象，现在有了外在性或定在，也还属于理智所有。意象因此被设定为与直观分开的，并且也不再是潜在的。这样，理智即便没有外在直观，也能够把它的所有物表示出来，将之作为理智里面的定在。内在意象现在能够被提到理智面前，成为理智中的定在，这就是表象。

附释：意象成为我的现实的所有物，是由于它以一种定在的形式出现在理智面前，以及我在理智直观的帮助下，认识到意象是为我所拥有的。这就仿佛一个在我记忆中已经黯淡的人，一旦遇见，我立刻就能在众人中认出他。所以，要把某物保存在记忆中，你就必须反反复复拥有对它的理智直观，通过多次的重新唤起，这意象在我里面就有生动性和当下在场性，以致我为了想起它而无需外在直观。儿童是从直观走到记忆的。一个人受的教育越多，他就越不依赖外在直观，而是依赖记忆。一个受过高等教育的人，很少需要外在直观，反之，普通大众则往往对新奇东西表现出惊叹。

2. 想象力

想象力是理智支配意象的能力，即唤起意象，按主观意愿结合诸意象，并把意象当作一种符号来运用的能力。

§455

理智作为支配的力量，在自己内部把意象产生出来，这是再生的想象力。把再生出来的意象结合在一起，这是联想的想象力。

说明：这个说明是三个提醒。首先是对经验心理学的所谓"观念联想律"的批判，黑格尔认为，那些被结合起来的并不是观念，它们结合的方式也不是规律，而是任意和偶然性。其次是意象与表象的区别：意象是感性的、具体的表象，而表象按其内容则是一个给予的东西，它仍然摆脱不了外在存在；表象是理智提升到推论的中项，即存在与普遍性的联结，普遍性是主体，存在是客体，理智用普遍性（主体）来补充存在，理智设定存在，又用存在（客体）补充自己。最后，在表象活动中，常常有许多意象相互重合，似乎这些意象有一种相互吸引的力，其实这种吸引力就是理智本身。理智通过回想，把相关联的意象建立为定在联结在一起。

附释：表象活动的第二个形式是想象力，想象力是理智对意象的支配。想象力自身又有它的三个展开形式：

（1）再生的想象力

再生的想象力只是促使意象进入定在，意象的再生从想象力方面看，是任意发生的，并不需要外在直观的帮助。正是由于这点将表象与回想区别开，回想不是能动的，需要当下的直观，而且是非任意的。

（2）联想的想象力

联想的想象力把诸意象彼此联结，这种联结不是意象自身的客观的联系,而是一种主观的联系。

（3）创造的想象力

这是理智使普遍表象与特殊意象的结合,给予普遍表象以一种感性的定在,这个感性定在具有象征和符号的双重形式,这种想象力包含象征性幻想和创造符号的幻想,后者形成向记忆的过渡。象征性幻想主要与文学、艺术有关,创造符号的幻想即文字和语言。

§ 456

个别表象是包含在普遍表象内的,普遍表象就是共相,共相构成个别表象的联系。但是,理智是个体性的,每个人有其自己的兴趣和对概念的理解,而理智又是支配诸意象和表象的力量,于是不同的人的表象联结就有不同的内容。这种表象联结的个别化,并按自己储存的意象和表象来想象它的内容,就是幻想,即象征性的、寓言性的或诗意的想象力,也就是文学艺术创作。文学作品和艺术作品都有个体化的形象,这些形象是表象的综合。

附释: 个别表象彼此相联系的那个东西就是它们的共同点,这个共同点要么是它们的特殊性,比如花朵的红色、香味等;要么是它们的类,比如所有的花都是植物,共同点构成普遍表象即共相。共相是理智对意象的个别性进行分析产生的,因此共相来自理智。

在我们主观范围内,共相是内在东西,意象是外在东西,前者缺少外在性即形象性,后者没有普遍性,统一是它们的真理。这个统一是靠理智来完成的。理智让某个具有个体形象的东西显现出普遍性共相,它作为创造的想象力就完成了,这些具有个体形象的东西就是文学作品和艺术作品。文学作品和艺术作品都是感性定在,在它们的形象中可表现出普遍性的东西。

§ 457

普遍表象或共相缺乏自己的形象性,要通过一个感性定在来表达自己,这个感性定在就是文学作品或造型艺术品。但理智的目的毕竟是要直接表达普遍性,因而现在理智要让普遍性自己表达自己,要让普遍性成为存在,要让普遍性产生直观,这就是创造符号的幻想,符号就是语言和文字。

说明:象征幻想的产物,即文学作品和造型艺术品,的确可以说是精神和直观的结合,但精神是通过直观(感性定在)的中介才被认可的,现在理智要让精神成为真正的直观,成为直接的存在,这就产生了符号,符号具有真正的可直观性,在机械的记忆里,符号才在可直观性上完成它的存在。

附释:象征性幻想还是有条件的、相对自由的活动,这种活动为了表达普遍性,只能选择与普遍性相称的感性材料,比如朱庇特的力量要通过鹰来表现,因为鹰被认为是强有力的。寓意和诗意也同样如此,只是感性材料不同而已。但是,理智必然从象征中介前进到普遍性的直接表达,因为既然象征表达了普遍性,那么就可以让普遍性的这种间接性转化为直接性,即普遍性自己表达自己。因此通过辩证运动,普遍性证明自己不需要中介,就可以成为可直观的东西,这东西就是符合。如果理智用符合标明某物,那么理智就同直观内容断绝了关系,而赋予感性材料以新的意义作为它的灵魂,比如"="这个符合不是表达两根横杠,而是表达"相等"的意义。这个新的感性材料与普遍性的联结,其必然后果就是人们必须学习符号的意义,这个符合就是语言符号。

§458

理智把一个独立表象和直观统一起来,在这个统一中,表象是直接的、被给予的东西,直观并不认为表象代表它自己,而是代表某种别的意义。直观是一个意象,理智给这个意象一个独立表象,并赋予它意义,这个直观就是符号。比如 book 这个单词,你直观到的是四个字母 b-o-o-k,它们是被给予的,但它们代表的意义是"书本",是理智给这个符号以"书本"的意义。

说明:符号不同于象征,象征物的形象与它要表达的内容或多或少有关系,但符号的形象与它的内容毫无关系。比如数学中的">"符号,它的形象是个箭头,但它并不表示箭头。符号是这样一个直观,它的直观完全不同于它的内容。因此理智用符合进行标记,比起象征活动(文学艺术作品),表明其在直观上有一种更为自由的任意和支配权。理智作为直观,产生时间和空间的形式,并接受感性内容给自己形成表象。但现在理智建立一个独立表象,清除掉直观的直接定在,给了它另外的意义,这就是符号。这种创造符号的活动可称之为创造性的记忆,因为在日常生活中,记忆只同符号打交道。

§459

直接的直观最初只是看到一个存在于空间中的东西,而直观作为一个符号来使用,就扬弃了这个空间中东西的直接性,理智就是这种否定性的扬弃。所以,作为一个符号的直观是一个时间中的定在,这个定在在时间中是瞬间消逝的,这个定在是由理智设定的人类自然性的发声,人类通过声音把自己的内在东西表达出来。人类这种特定的功能就是语言,语言给予感受、直观、表象以第二性的、更高级的定在,给予它们有效的实存。

说明:语言是理智用一种外在因素显示其表象。如果要研究语言,那么关于语言的材料即词汇,必须联系到人类学、心理学、生理学的观点;关于语言的形式即语法,就是知性的观点。词汇并非单纯的对外部对象的标记,而语法则是知性的工作,知性把范畴灌注到语言里,产生了合乎逻辑的语法。

在谈到声音语言的同时,我们也附带提一下书面语言。书面语言指象形文字和字母文字。象形文字通过空间图形标志表象,字母文字通过声音标志表象,而声音本身就是符号,因而字母文字是由符号的符号组成的,字母是声音的符号。各民族的交往导致了字母文字的产生。最早由腓尼基人创造了 22 个表音字母,由腓尼基人传播到整个地中海地区,后为希腊人所采纳,成为现代西方字母文字的祖先。至于象形文字,尽管通过象形能对应感性对象,但它无法通过象形涵盖精神性的东西,于是不得不通过声音来表达。比如汉字的"就"字,它没有对应的感性对象,只能取"京"字的辅音"j",取"尤"字的元音"ou",通过发音组合来标志"就"字。再比如"補"字,右边的"甫"是这个字的发音,左边的"衤"表示这个字的意思同"修补衣服"有关。这种现象尤其在化学元素的名称中非常普遍,比如"钾""钙"等都是只取其发音,与象形无关。人们把名称仅仅看作符号,只关注名称的定义,名称只表明这个对应物的类概念和属性。中国的象形文字只为垄断精神文化的一小部分知识阶层所掌握,因而阻碍了该民族精神文化的进展。声音语言的进展是与字母文字的通行联系在一起的,因而有其客观确定性。汉语的声音语言,大量的词汇是一词多义,以致学习汉语的老外闹出很多笑话。由于象形文字的缘故,汉语的声音语言缺少字母文字在发音中的客观确定性,因此中国后来提倡汉语拼音,以普及和弥补象形文字的缺陷。

字母文字是更为智慧的文字,在这种文字里,词汇被带到意识中而成为反思的对象。理智对这个反思对象进行分析,将这个符号(字母)还原为发音,音节就以普遍的形式给予了语言以感性,这种感性同时取得了确定性。字母文字的好处在于,声音语言就是字母文字,字母文字就是声音语言。字母文字是对感性符号的分析,象形文字是对表象的分析,这表明了,一切表象都可还原为符号。不管表象的内容有多么丰富,对精神来说,表象必须是简单的符号,并且思维就是把具体内容分析概括为简单的思想形式,即概念。出于这两个需要,符号是必须的。象形文字是对表象的分析,分析的结果还需再分析,在这种象形文字的羁绊下,中国哲学就不可能是对物的本原的追究,因而转为对人际关系的研究。

从上述分析可以得出,学会读和写一种字母文字是教育的手段,因为这引导学生直接从感性提高到抽象,为在主体中建立内在的东西奠定了基础。还有一种方法是通过听达到表象,并使这些表象对我们形成文字,也就是把语言记录为书面文字。书面文字对语言只是符号,理智通过说话表达自己。从表象活动到思维的过渡,记忆有特别的重要性。

§ 460

名称作为理智产生的直观,起初是一种转瞬即逝的东西。表象作为一种内在,直观作为一种外在,两者的联系本身就是外在的,这种外在性的内在化就是记忆。

3. 记忆

§ 461

名称或词汇是外在,意义或表象是内在,理智作为记忆就是把名称内在化的活动。

（1）记忆的第一种形式是保持名称的记忆

理智把名称纳入自身中，通过这种内在化，把名称与意义结合在一起，使名称成为一个表象，这样，表象在内在性里就是一个具体的、有内容的定在。这就是保持名称的记忆。

附释：我们以三种形式考察记忆：保持名称的记忆，再现的记忆，机械的记忆。

保持名称的记忆，就是我们能凭借看到或听到的名称回想起与之相关联的表象。所以，一个名称能使我们清楚地想起它的表象或意义，但我们不能颠倒过来，由一个表象轻易地联想到相应的名称，因此我们是先理解一种语言，然后才学会说和写这种语言的。

§462

（2）记忆的第二种形式是再现的记忆

再现的记忆在名称里拥有和认识事物，而无须直观和意象。因为名称是外在的东西，名称在理智中的实存就是理智自身的外在化，由名称产生对该事物的联想，就是该事物的种种规定性。

说明：有了狮子的名称，我们就不需要对这种动物的直观和意象，我们在理解这个名称时，这个名称就是表象。我们正是用名称进行思维的。黑格尔在这里批判了所谓的记忆术，他认为记忆术是把记忆贬低为想象力。记忆不再与意象打交道，意象是有直观为中介的，而记忆与之打交道的是理智自己产生的定在，即被内在化的定在，也就是内在于理智的名称。

附释：真正否定名称（语言符号）的是理智，因为理智把外在的名称改造为内在的表象，并保存了这个改造形式，这样名称就成为一种思想的定在。这个定在对我们的思维是绝对必要的，因为思维就是通过语言符号进行的。思维的任何对象必须是能用语言表达的对象，因为语言给予思维对象以最相称的和最真实的定在。事物其实就是思想，在理智用语言符号充实自己时，它就把事物的本性接纳到自己之内。这种接纳的意义在于，理智使自己成为实质性的东西，以至于主体的人成为了语言符号的容器，因而成为了机械的记忆。语言符号的大量内在化，就以这种方式转化为理智的最高外在化，我们不仅能以语言符号思维，还能通过它们来交流。

§463

（3）记忆的第三种形式是机械的记忆

名称与意义的结合，还是一种综合，理智在这种外在性中还没直接回归自己。但理智毕竟是真理，理智对名称和意义的支配，就是扬弃名称与意义的区别，使名称成为无意象和表象的词语，这是理智的内在化。理智把自己设定为词语，这种理智的内在化，同时又是理智自身的外在化，因为理智把自身设定为词语，就是把自己设定为存在。自我作为主体性是支配名称的力量，即把名称固定在自己里面。事物是存在，事物的名称就是存在，名称是存在，那么理智把自己设定为名称，理智就是存在。理智是主体性的力量，即记忆，这个记忆由于外在性的缘故，就是机械的记忆。

说明：把记忆理解为机械的活动，就是理智扬弃名称中的意象和表象，使自己成为一个外在的东西，即名称。

§464

事物作为存在就有名称，名称需要一个意义，这样名称就是真实的客观性。比如狮子这个名称,背后有具体的狮子这种动物的内容作为其支撑。理智就是这个客观性,因为是理智把名称和意义结合起来的。这样,理智就是这种同一性的实存,理智自在地就是这种同一性,理智自为地是这种同一性的活动。记忆以这种方式过渡到思维,在思维中,思想不再有意象和表象,思想内容直接就是词语,这就是说,主观与客观的差异被扬弃了,内在性本身就是存在。

说明:记忆本身是什么?这是精神学说中最困难的要点。记忆仅仅是思维的实存的外在方式,即一个片面的环节,从记忆到思维的过渡,自在地是理性和存在的同一性,这样的同一性导致:理性实存于主体中,并且是主体的活动,这样的理性就是思维。

(三)思维

思维是理智的第三个阶段,也是最后一个阶段。它是前面直观阶段和表象阶段的统一,是扬弃了意象的纯粹思维。

§465

在直观阶段,理智认识到对象是自己建立的;在表象阶段,理智通过名称认识事物;现在理智作为思维,既是普遍性自身,又是作为直接存在的事物,是普遍性与存在的统一。因而理智是再认识,是思维着的认识。理智就它自身而言是普遍性,理智的产物是符号,符号是思想,思想就是事物,这就达到了主观与客观的同一。理智现在知道,凡被思维的都是存在,凡存在的,唯有就它是思想而言才存在。理智的思维是有思想的,这些思想是它的内容和对象。

附释:思维是理智发展的第三阶段,也是最后一个阶段。在直观中,外在对象内在化,主观感受外在化,是主客观自在的统一；在表象中，外在对象被建立为符号，是主客观自为的统一；但这个统一仍然是主观的东西。与此相反，在思维中，这个统一既是主观的又是客观的，因为思维知道自己是事物的本性。不懂哲学的人，对于思维是存在，是无法理解的。其实我们的一切行动都以"思维与存在的统一"这个预设为根据的，这个预设是理性思维的人做出的。有两种情况必须加以区分：是否我们只是思维着，或者是否我们知道我们是思维着。一般人都是前一种情况，后一种情况只有当我们把自己提高到纯粹思维时才会发生。纯粹思维认识到唯有自己才能把握事物的真理，而伊壁鸠鲁主张的"感受是真实"，对于精神的本性来说是完全错误的。当然，思维不可以始终是抽象的形式思维，它必须发展成具体的思维，发展成概念认识。

§ 466

但思维着的认识起初也是形式的，普遍性只是主体性，因为内在化为思想的表象还是被给予的东西。

附释：思维知道自己的这种主客观的统一是一种不确定的统一，因为内容还是外在的、被给予的，因而认识也还是形式的。但是，理性是自在自为的认识，所以理性必然要扬弃这种形式主义。

§ 467

理智为了扬弃内容对自己的制约，为了达到对象是自己产生的，它经历了知性、判断、推论三个环节。

1. 知性

知性从对象中抽象出种、类、规律、力等范畴，用这些普遍性范畴来解释对象，这就把对象分裂为形式与内容、普遍与特殊的彼此不相干。

2．判断

判断把这些不同的属性联系起来,把对象看作一个整体,但对象的内容还是被给予的。

3．推论

推论通过扬弃事物的特殊性,达到事物的普遍性,也就是达到事物自身发展着的概念。概念是事物的必然性,在对必然性的洞见中,思维最终摆脱了事物的直接性。

说明: 思维在《逻辑学》里出现过,在《精神哲学》的意识阶段也出现过,思维在哲学的这些不同场合一再出现,是因为在这些不同场合里的对立尽管不同,但都是围绕思维的对立,一切对立回归思维就是回归真理。

附释: 思维的第一个环节是知性。在康德以前没有知性与理性的区别,是康德对它们做了划分。知性把对象抽象为种、类、规律、力等,在知性里,对象的内容与形式是分离的。而对于理性来说,对象是自在自为的,是内容与形式的同一,是普遍与特殊的同一,这就是概念认识。在这种概念认识里,对象的内容自己产生出它的形式。尽管知性有这样的缺陷,但它是理性思维的一个必要的环节。知性就是把对象进行抽象,把偶然东西与本质分离开,这是完全正确的和应当的。

思维的第二个环节是判断。判断把被知性抽象出来的对象的种种规定性联系起来,把对象看作一个整体。但是对象在这里还没被提升到概念,还没出现概念的必然性。

思维的第三个环节是推论,只有到这个环节概念才被认识到。在推论中理性思维认识到,从个体性中抽出其特殊性就是普遍性,比如这个人身高 1.8 米,那个人身高 1.6 米,把 1.8 米和1.6 米这个特殊性抽出,他们都是人,人就是他们的普遍性。因此,普遍性不再是外在于内容的形式,而是内在于事物的概念。

从这个观点出发,思维除了它自己的内容和规定外,没有别的内容,思维在对象中只是发现了自己。对象与思维的不同,只不过对象有具体的存在,所以思维对客体(对象)是一种完全的自由。

理智在这种与对象同一的思维中,达到它的圆满,因为理智现在是自知的真理,即认识自己的理性。知现在构成主体性,客观的理性被建立为知,思维的主体性和客观的理性的这种互相渗透,就是直观和表象两个阶段发展的最后结果。

§468

理智作为理论的理智,直接把事物的规定性占为己有,完全占有事物后,理智就在事物中了;通过对事物直接性的否定,事物的内容现在是由理智来决定的。思维作为自由的概念,现在内容也是自由的。知道自己是内容的决定者的理智,就是意志。

附释:纯粹思维最初是完全沉没到事物中的,但这种活动必然会把自己作为对象。由于概念认识在对象中就是在自身中,所以它必然认识到,它的规定就是事物的规定,客观存在着的规定都是它的规定。理智通过这种规定走进自己,理智就成为意志。对普通人来说,思维到意志的过渡似乎不存在,思维和意志是两码事。但事实上,思维是意志的决定者,思维是意志的实体,没有思维,意志是不可能的。即便没受过教育的人,也是通过思维建立意志的,而动物由于不思维也就没有意志可言。

二、实践精神

§469

实践精神就是意志,意志就是自我决定和自我实现,能自我决定和自我实现,精神就有实在性。所以,作为意志,精神进入现实,作为知,精神就是概念认识,这样的意志就是自由的。不过这个自由还只是形式的自由,因为意志现在只是自己规定自己,还未与理性结合。意志的使命是实现真正的自由,用理性充实自己,使自己成为客观精神,而要成为客观精神,意志必须把自己提高为思维的意志。

说明:真正的自由是这样的,意志不以个别性,即私利为目的,而以普遍性内容为目的。但这个内容只是思维中的东西,也就是理智,因此思维与意志是不可分的。没有思维意志是不可能的,没有意志思维也是不真实、不可能的。

附释:意志的目的在于扬弃它的主观性,成为客观精神。实践精神的发展进程如下:

首先它是实践的感觉,具有一个个别的内容,是主观意志,它缺乏普遍内容。

其次意志作为冲动前进到与客观性的一致,不过这个一致只是"应当"一致而已。

最后使冲动从属于幸福,不过这个幸福只是反思的普遍性,始终在冲动之外,只有通过任意才能与冲动相联系。

幸福、冲动、任意彼此外在,都是某种不真实的东西,所以就结合为自由的意志,自由意志是实践精神发展的目标。

§470

实践精神包含两个"应当",一个是个人的预期与现实的不相符合,因而产生出现实"应当"符合我的预期;另一个是自我决定的意志与客观精神的不相符,自我决定的意志"应当"符合客观精神,这第二个"应当"只是我们考察者看出来的。

(一)实践感觉

§471

实践精神最初是直接性的,只是形式上的自我决定,这种自我决定是个体性的,这样的实践精神就是实践感觉。在实践感觉中,自我决定是个体性的和主观性的,完全出自个人的需要。这种个体性与普遍性是对立的,这个普遍性就是后面要谈到的客观精神。

说明:个人的感觉,如果符合普遍性的正义、道德、宗教信仰、善意,那么就是正当的;反之,也可能是不正当的。所以,否认从感觉可以过渡到权利和义务,那是愚蠢的,只有这种过渡才使感觉达到它的真理。权利、义务、法律等都是客观精神,从感觉可以过渡到客观精神,同时,客观精神也可被感知到。知性把感觉与精神分离开,甚至把感觉与客观精神对立起来,那是错误的。感觉的内容,一种是权利义务那样的客观精神,一种是自私自利,两者是对立的,但正因如此,感觉才应该过渡到权利义务。

§472

自我决定和外来影响是实践感觉的两个环节,因此实践感觉中含有"应当","应当"就是预期,外来影响就是现实。由于两者的联系中缺乏客观规定(客观精神),所以这种联系完全是主观的肤浅的感觉,也就是适意或不适意。

说明:高兴、愉快、痛苦、满足、耻辱、悔恨等无疑是实践感觉,但也是由"应当"这个预期引起的。恶首先被理解为不适意,这种不适意无非就是现实与"应当"的不相一致。然而"应当"完全是个人的偶然的目的,这些偶然的目的本身就是恶。

附释:第一类实践感觉是适意。在实践感觉里存在着差异,一方面是意志的自我决定,另一方面感觉受外部事物的影响,因此感觉就是自我决定和外来影响的比较。也就是说,自我决定是预期或"应当",外来影响是现实,意志要求现实与"应当"相一致,一致就是适意,不一致就是不适意。比如,我决定要得到山顶上的一朵花，但山坡的陡峭、天气等现实因素决定着我是否能得到，如果现实与"应当"相一致，我得到了，就是适意。但由于"应当"本身是个别的、主观的预期，现实与"应当"的联系可能只是一个表面的偶然的判断，因此在重大事情上，适意就被淘汰了。

第二类实践感觉，它的内容来自直观或表象，比如对文学作品或艺术品的欣赏。这类感觉有愉快、满意、高兴、恐惧等。愉快是我的决定对某一作品的赞同；满意是一种持久的、平静的赞同；高兴是更加鲜明的赞同；恐惧则是外来东西与我的感受的不一致性。从中可见，这些感受都没有它们自己的本质内容，内容都来自外部事物，所以这类实践感觉完全取决于外来影响。不过内容也可不进入感觉中，有些伟人当他们发现某种符合他们意愿的事物时并不欣喜若狂，遭受不幸时也不显得陷入痛苦，这些伟人能做到荣辱不惊。

第三类实践感觉的内容源自法、道德、伦理、宗教，感觉把它们接受到自身中，因而感觉就有了特殊的内容。但我们不要以为法、伦理、道德、宗教必然会在感觉中，这些内容不是与感觉共生的。

（二）冲动和任意

§473

"应当"是一个判断，外来影响（现实）与自我决定（预期）的一致性仅仅是偶然的侥幸，是对自我决定的否定，是不适意的。为了成为自为的意志，意志就要自己建立这个一致性，这就是冲动和倾向。冲动是和热情相关联的，精神全神贯注于某个单独的决定，那就是热情。

附释： 在实践感觉中，现实与预期的相一致只是偶然的侥幸,这种偶然性实际上是对现实即外在客体的依赖,这种依赖与自我决定是矛盾的,与知道客观性包含在它的主观性中的意志是矛盾的。因此,意志不可能停留在适意不适意,它必须前进到把客观性建立为自我决定的一个环节,自己产生出那种相一致。通过这种方式意志发展为冲动,冲动是一种主观的、给自己提供客观性的意志决定。

冲动必须与欲望区别开,欲望属于自我意识,它尚未克服主观与客观的对立,它只是个别的、一时的满足。相反,冲动是扬弃了主观与客观的对立,它包含有普遍性在内,是一系列的满足。不过冲动毕竟来自个别性,还是某种特殊的东西,因而人沉浸在冲动中就是不自由的。

§474

倾向和热情,都是以一些规定作为它们的内容,都是一方面以理性为基础,一方面还属于个别的意志,都带有偶然性,都受制于非自由的必然性。

说明:热情是局限于个人意志的特殊性,个人全部的主观性都沉浸在这个特殊性里,不管它的内容是什么。因而热情无分好坏,这种形式只表示,主体把它的全部兴趣都投入到一个内容中。没有热情的投入伟大的事情是完不成的。

至于倾向,那就要问,哪些是好的,哪些是坏的;既然倾向有许多,都在一个主体里,它们如何能不受互相的限制,而且按照经验不可能所有倾向都得到满足。冲动和倾向的合理性在于,扬弃它们的主观性。对冲动和倾向不能通过外在反思进行考察,这样的考察无法涉及它们的原则和最终目的。正是精神本身的内在反思,给予它们的内容以合理性和客观性,在这个内容中,它们是必然的关系,即权利和义务。正如柏拉图指出的:自在自为的正义是什么，只能在正义的客观显现中，即在国家作为伦理生命的结构中体现出来。因此对于倾向的研究，就转为对客观精神的研究，即对法、道德、伦理的研究。在这种研究中，自我决定的内容就失去了偶然性和任意性。

§475

主体是满足冲动的活动，这种活动就是把目的与达到目的的行动结合起来。假如把目的与行动区别开，那么完成了的目的中就包含着主观个别性和行动的因素，这就是兴趣。人没有兴趣什么事情也完不成。

说明：行动既是主体的目的，也是主体的能动性。主体之所以能展开不谋求私利的行动，不是因为别的，全在于他的兴趣。有一种观点认为，预期是靠侥幸得到满足的，与冲动和激情无关，道德即"为义务而义务"，也与冲动和激情无关。其实冲动和激情不是别的，只是主体确立其目的和实现目的的活力。伦理精神就是一种内容，内容本身是普遍性的，要靠主体的行动才得以实行。这实际上是批评康德轻视冲动、热情和兴趣，纯粹"为义务而义务"的道德观。内容内在于主体里面，这就是兴趣，而主体全身心投入某个内容，那就是热情。

附释：甚至在法、伦理、宗教这样的客观精神里，也包含个体利益。个体性必须在目的的实现中得到满足，而不应该在目的的实现中得到毁灭。这就是"我的"利益。这种利益不可以同利己主义混淆，利己主义是把个人利益置于客观精神之上的。

§476

意志作为有思想的和自由的意志，就把自己同特殊的冲动区别开，并把自己作为主体置于冲动之上，这样它就是反思的意志。

§477

意志与特殊性相结合,从而赋予自己以个别性和现实性,这就是特殊性意志。意志能在各倾向间进行选择,就是任意。

§478

任意是自为的自由,但它作为冲动和倾向,依然是主观的和偶然的。任意和冲动得到满足,就会产生新的任意和冲动,这样的满足是永远得不到满足的,这就形成一种无限的坏的循环。真正的满足是普遍的满足,这就是以幸福为自己的目的。

(三) 幸福

§479

幸福是通过反思产生的普遍满足的表象。但这个表象是矛盾的:一方面冲动是消极的,为了普遍满足必须放弃冲动;另一方面,幸福又仅仅在冲动中才有其肯定内容,哪些冲动要取,哪些冲动要舍,决定权还在主观的感受和愿望,亦即任意。

§480

所以幸福只是抽象的普遍性,只是"应当"存在而已。真正的普遍性是意志自身的普遍性,也就是自我决定,即自由。当意志以自由为对象时,这样的意志就是现实的自由意志。于是现实的自由意志就过渡到自由精神。

三、自由精神

自由精神是主观精神发展的最后阶段。

§481

现实的自由意志是理论精神和实践精神的统一，它扬弃了迄今为止的形式性、偶然性和局限性。通过这种扬弃，意志将自己建立为直接的个别性，这种个别性同时也是普遍规定，即自由本身。意志以自由为它的对象和目的，是在它思维自己、知道它的自由概念、因而成为自由理智的意志时才是可能的。

§482

知道自己是自由的精神，就是以自由为自己目的的精神，这种精神就是理念，因此是绝对精神的概念。理念存在于个人的意志中，个人知道自由是他的目的，并且知道自己是达到这个目的的活动。所以，理念存在于个人意识中，个人要将理念发展成一个定在，即发展成现实的存在，这个现实的存在就是客观精神。

说明：理念是一个概念，以及分有这个概念的所有实存，比如杯子是一个概念，世界上所有实存的杯子都是这个概念的模写或复制品，理念就是概念与实存的统一。因此自由作为理念，就应该既有概念也有实存，实存就是现实的自由。当个人和民族一旦把握了自由概念，自由就成了一种不可战胜的力量，因为自由是精神的本质，也是现实本身。非洲和东方从来不曾有过自由理念，希腊人和罗马人，柏拉图和亚里士多德，甚至斯多葛派都不曾有过它。在古希腊和古罗马，人因其出生（作为公民）才是现实的自由；柏拉图和亚里士多德认为，接受过教育的人才是自由的，斯多葛派认为有哲学智慧的人，即便作为奴隶也是自由的。自由的理念是通过基督教来到世上的，按照基督教，人是上帝的爱的对象和目的，因而注定与作为精神的上帝有绝对的关系，上帝精神在每个人心中，因而人自在地是自由的。上帝精神作为理念，必然进入世俗的实存——国家、家庭等实体。基督教已经使它的信徒获得了现实的自由，使信徒懂得人不是奴隶。这种要自由的意愿不再是冲动，而是存在着的精神意识。但这种精神意识最初只是概念，即法的、伦理的、宗教的现实性。这就过渡到了客观精神。

第二篇　客观精神

§ 483

客观精神是理念,理念就是概念和实存的统一,它的概念就是自由,它的实存就显现为国家、法律、道德、伦理等形式。那么自由意志就要同这些外在的客观形式相联系。

§ 484

自由意志的目的是实现自由,自由在塑造现实世界(客观精神的实存)时获得了它的必然性形式,这就是个人的权力,即公认的权力。

§ 485

个人意志与理性的统一构成现实的自由,这个自由只是思想,它只有在普遍形式(客观精神的实存)中才具有真正的规定性。当自由在这个普遍形式中被确立为有威信的权力时,它就是法律;当自由摆脱它的偶然性,而以普遍性为它的习惯时,它就是习俗。

§ 486

自由意志的实在性定在就是法权（德文的 Recht 有法则和权利两个含义，故译作法权），法权不能只理解为有限制性的法律，而要广泛地理解为自由的一切规定的定在，这些规定就主观意志而论就是义务。凡是权利也都是义务，凡是义务也都是权利。

说明：权利和义务是相关联的，我的权利是因他人的承认而被确立的，对他人的承认就是义务。按照概念，我对一事物的占有，这事物就是我的所有物，即合法占有，对此他人有义务尊重我占有的权利，这就确立了我与他人的联系。一般说来，道德义务只是我的主观意志，在道德范围内，存在单纯的内在意志与现实的差别，因而"为义务而义务"的观点是片面的、不完满的。在伦理范围内，这两方面达到了统一。家长在家庭中具有权利，同时也有义务。孩子有服从家长的义务，同时也有被教育成人的权利。政府有其司法行政的权利，它也必须尽到管理国家的义务，正如国民有纳税的义务，他们也有私有财产和生活得到保障的权利一样。国家的一切目的就是所有国人的目的，因此，谁没有权利，谁就没有义务，反之亦然。

§ 487

自由意志的划分：

最初是直接的作为个别的自由意志，即人；这个人的自由定在就是财产，而法权本身是抽象的形式的东西。

其次是映现到自身内的，同时被规定为特殊的自由意志，这就是道德。

最后是实体性的自由意志，这就是家庭、市民社会和国家中的伦理。

黑格尔在 1821 年出版了阐述客观精神的专著《法哲学原理》，所以他在《精神哲学》中对客观精神的论述就比较简略，我们在理解《精神哲学》中客观精神哲学时，有必要参照《法哲学原理》中的相关论述。

客观精神的发展经历了三个阶段：抽象法、道德、伦理。

抽象法：自由意志最初是直接的，因而作为个别的自由意志，就是人。这个人的自由意志的定在就是财产或占有物，它们是这个人的自由意志的外在化和客观化。

道德：这时，自由意志映现到自己内，以至于它在个人内部有其定在，这就是主观意志法，也就是个人内部的良心。

伦理：这时，自由意志是实体性的意志，即自由的充分实现。它是前两者，即外在与内在、客观与主观的统一，作为这样的统一的整体的现实性，就是在家庭、市民社会和国家中的伦理。

可见，研究抽象法、道德、伦理的"法哲学"，已经涵盖了道德哲学与伦理哲学，它是一种广义的法哲学，不仅仅局限于法律。黑格尔把伦理理解为法与道德的统一，在西方哲学史上首次将"道德"与"伦理"作了明确的区分。

第四章　法（抽象法）

每个人都有自由意志，伴随着这个自由意志而来的是权利，权利也就是法。作为一个单纯的人，他所享有的权利叫作"抽象的权利"，也就是"抽象法"。

抽象法只讲个人的"自由意志"。黑格尔在《法哲学原理》一书中指出，"自为地存在的意志即抽象的意志就是人"，"所以法的命令是：成为一个人，并尊敬他人为人"，这就是说，自己要成为一个人，就必须承认他人和自己一样是人，他人也享有权利，权利作为自由意志的定在，是人所固有的。

抽象法包含三个环节：财产、契约、法与不法，我们来看黑格尔的具体分析。

一、财产

（一）占有物

§ 488

自为地存在着的自由的直接性的精神，是个别的精神，也就是个别的人；个别的人知道他的个别性就是绝对自由的意志，即对这个自由的自知。不过这个自知是抽象的和空虚的，还不是在自己身上体现，而是在一个外在事物里才得以体现。这个外在事物对于理智的和任意的主体性的人来说，没有它自己权利和意志的东西，是作为主体性的人的占有物。

§ 489

什么是占有物？所谓占有物就是，"这东西是我的"。在"这东西是我的"这个判断句中，"我的"这个谓语自身只表示一种现实状态，但它具有"把我的个人意志放进这个事物里"的意义。由于这个规定性，占有物就是财产，占有就是手段，但作为人格的定在则是目的。所谓"人格的定在"，是指某个人的意志的定在，也就是，我把我的意志放进这个占有物，占有物因而成为我的财产。黑格尔在《法哲学原理》中更明确地指出，"由于我借助于所有权而给我的意志以定在，所以所有权也必然具有'我的东西'这个规定，这就是关于私人所有权的必然性的重要学说"。

（二）占有只是手段，其目的则是人格的定在

§ 490

为什么说占有只是手段，其目的则是人格的定在？作为一个人，我的存在是与他人有关联的，这种关联就是得到他人的承认，唯有得到他人的承认，我才有我的人格的定在，而这种承认首先是对我占有某物的承认。事物是外在于我的，我也外在于事物，但通过他人对我财产的承认，我在财产中与我自己相结合了。

§ 491

事物是一个中项，它的两端一个是我，一个是他人，通过他人明确认可我对某物的占有，我就与他人结合在一起。占有分为：直接的身体把握，给事物定形，对事物做标记。在《法哲学原理》中，黑格尔对这三种占有做了详细分析。

1. 直接的身体把握

"直接的身体把握"就是我用手占有某物。黑格尔认为，从感性方面说,身体的直接占有是最完善的方式,因为我的身体直接体现在这种占有中,从而我的意志也同样可以在这种身体的直接占有中被他人认识到,但这种占有方式仅仅是主观的和暂时的,由于外在事物范围的广大,或者外在事物的千差万别,这样的占有方式往往会受到极大的限制。因此,这种方式的占有完全是零星的,因为一个人不能占有比身体所接触的更多的东西。

2．给事物定形

这种占有的方式超出了身体的直接占有,也就是说,通过我对某物的定形使它成为我的财产,并不需要我自己用身体来占有它。"给事物定形"实际上就是通过劳动占有事物,比如耕种土地,栽培植物,驯养、饲育和保护动物,利用原料和自然力来建成设备,所有这些都属于这类占有。黑格尔认为,这是最适合于理念的一种占有,因为它把主观和客观在自身中统一了起来。

3．对事物做标记

"对事物做标记"是一种其自身并非现实而仅仅表明我的意志的占有方式,也就是说,通过标记,我告诉别人某物是我的,因此排斥他人再来占有它。黑格尔在《法哲学原理》一书中说,"标记的意义应该是:我已经把我的意志体现于该物内"。比如在某个荒岛上插上某国的国旗,以此表明这个岛属于某国,但这种占有是极不明确的,其他国家未必承认。黑格尔还指出,对于标记不能从其直接性来看,而必须从其所应具有的意义方面来看。比如徽章不仅是一个铜牌,它的意义在于表明某种资格。人能够给予某物以标记,表明他对该物拥有支配权。

在《法哲学原理》一书中,黑格尔还谈到了物的"使用"。通过占有,表明"这东西是我的","使用"则不然,它是通过物的变化、消耗和消灭而使我的需要得以实现。这可以说,物是专为我的需要而存在,并为我的需要而服务的。"使用"分为两类:完全使用和部分使用。如果某物的使用权完全归我,我就是该物的所有者,换言之,完全使用等同于所有权。而部分使用则不然,它不同于所有权。

§492

财产的偶然性在于,我把我的意志放入这个事物,我的意志是任意的,我可以把我的意志放入这个事物,也可以不把我的意志放入这个事物,我可以把我的意志从事物中收回,也可以将事物转移给他人。就我的意志是在一个事物中而言,只有我自己才可以把它收回来,事物只可以由于我的意志而转移给另一个人。同样它成为另一个人的财产只是由于他的意志,这就是契约。我可以转让某物,表示这个物为我所有,我不能转让,表示该物不是我的财产。黑格尔在《法哲学原理》一书中指出,一个人只能转让自己以外的所有物,而绝不能转让自己人格中的"普遍本质的福利"。也就是说,人格中的实体性的规定是不能转让的,这些规定就是,我的整个人格,我的普遍的意志自由、伦理和宗教。如果转让了这些实体性的规定,他就会丧失独立的人格和自由。奴隶制、农奴制、无取得财产的能力、没有行使所有权等等,都是割让人格的实例。而对理智的合理性、道德、伦理、宗教的割让,则表现在迷信方面。在迷信中,一个人把自己的权威和所有权利都交给了他人,盲目地执行他人的指令和履行宗教义务。正是人格中的这个实体性的规定,才使人成为具有权利和责任的人。一旦割让了这些实体性规定,也就等于放弃了自己的权利能力和责任能力。

二、契约

§493

契约是两个意志通过契约取得一致,契约不同于执行,契约是内在的意志，执行是内在意志的实现。在契约中包含了一个意志对某个所有物的放弃和转移，另一个意志对它的接受。契约是自在自为的有效的，而不是由于执行而有效。契约中表示意志是完备的和穷尽的，放弃财产的意志和接受财产的意志是体现在一种表象中，这个表象就是语言，而语言在这里是充分有效的行为，因为意志在这里不是作为道德意志，它只不过是支配一个外在事物的意志。黑格尔在《法哲学原理》中指出，"契约以当事人双方互认为人和所有人为前提"，契约关系是意志对意志的关系，人们缔结契约，进行财产赠与、交换、交易等，系出于理性的必然。因为拥有自由意志的人必然包含拥有财产的权利，而拥有财产的权利必然包含拥有转让财产的权利，因而也就必然拥有缔结契约的权利。这样，财产概念必然包含着契约概念。

§ 494

通过契约，物就被设定为价值，这样物就有了量的规定性，一宗财产与另一宗财产就有了比较，一宗财产就可以等同于另一宗质上完全不同的财产，比如一头羊可以交换四十公斤麦子，这是两种在质上完全不同东西的比较和交换。契约就是两宗财产的交换，这样，财产就被设定为抽象的普遍的事物。

§ 495

契约取决于立约人的任意，是立约人的偶然性意志，这就会产生毁约。毁约是不法，因而就发生法与不法的关系。在契约中虽然存在"共同意志"，但这个"共同意志"仅仅出自当事人的"任意"，而非客观的神圣理念，因此契约可以订立也可以撕毁。这就违反了自在存在的法，这就是不法。同时，黑格尔认为，婚约不可能归属于契约的概念之下，因而他在《法哲学原理》中，对康德在《道德形而上学》法权论部分中的婚姻契约论提出了批评。另外,黑格尔认为,契约是建立在个人"任意"的基础之上的,所以它不可能构成国家的基础,国家的本性也不在契约关系中,因此他反对社会契约论和国家契约论。

三、法与不法

§496

(一) 法

法就是法权,法权作为自由在外在事物中的定在,就会涉及与这个外在事物的关系,也会涉及与其他人的关系,这就会产生好几个对事物的权利根据。但其中只有一个是正当的,即财产私有,这些权利根据与财产私有相冲突,因而是不法,相对于不法,这个"正当"就被规定为"自在的法"。比如二战结束后,幸存的犹太人回到以色列,发现他们拥有房契的房屋被巴勒斯坦人占据了。根据财产私有这个自在的法,尽管巴勒斯坦人以居住了十几年为权利根据,但法院判决巴勒斯坦人必须搬出该房屋。

(二) 不法

不法有三种:非恶意不法、欺诈、犯罪。

§497

1. 第一种是非恶意不法

"非恶意不法"就是在承认"自在的法"的前提下,双方都有法的依据,比如上述案例,犹太人以房契为法的依据,巴勒斯坦人以居住了十几年为法的依据,这就是民事权利争讼。为了调停这种民事争讼,就要求自在的法的判决是于事公正无私。

§ 498

2. 第二种是欺诈的不法

如果不法者出于特殊的意志反对自在的法,这个特殊意志就是恶意的,这种行为就是欺诈。黑格尔在《法哲学原理》一书中指出,这种情况是"对法的外表的承认就与法的价值分离开了,只有法的外表受到尊重,而法的价值受到损害,这就是欺诈的不法"。欺诈在表面上显得合法,但实际上却违背了自在的法。对非恶意不法可以不加处罚,而对欺诈必须加以刑罚,因为它使法遭到了破坏。

§ 499

3. 第三种是犯罪

只要特殊意志否定自在的法,与自在的法对立起来,这个特殊意志就是极端恶意的意志,就是犯罪。

§ 500

犯罪就是只承认自己的法律,公开地、毫不掩饰地反对自在的法,用黑格尔的哲学术语就是"否定的无限判断"。在《法哲学原理》中,黑格尔对犯罪做了这样的说明,这种罪行不仅侵占了受害者的财物,还直接否定了受害者对财物占有的权利。"否定的无限判断"在《法哲学原理》中就是"你没有权利"。

犯罪是违法,受害人对罪犯进行报复,就是复仇。复仇是从主观的个别意志,即直接的特殊的个人利益出发,因而就是一种新的违法。并且复仇会导致对方再复仇,循环往复以致无限。对犯罪最公正的判决就是刑罚。

§501

使自在的法赢得权威性有两种手段：一是审判罪犯，另一是刑罚罪犯。犯罪是罪犯对受害人的"强制"，审判和刑罚是扬弃这种强制的第二种强制，是对罪犯这种强制的"强制"，是否定之否定，是合法的强制。这样，就给抽象法下了个定义，抽象法是强制法，就是说，它可以强制人们遵守法。

§502

这就发展出法和主观意志的区别。法的实在性表现出，一方面是主观意志赋予自在的法以定在，一方面个人的主观意志又与这个定在相对立。主观意志在法的力量中是无效的，主观意志的实在性本质在于其本身作为理性的意志，这就是道德。

说明：自然法这个术语对哲学已经是常用的术语。自然法是一种主张人类的权利由自然赋予，因而自然法则就是客观和普遍的，它独立于国家的政治秩序以及人为制定的法律而存在。例如，生殖对于所有动物来说都是不可剥夺的自然权利，因而堕胎和限制生育都是违背自然法则的。自然法要求人的自然权利得到尊重，而国家倒是要求对某种自然权利加以限制和牺牲。正如国家在某一时段要求独生子女，在另一时段要求二胎三胎。实际上法的规定仅仅基于自由的人格，即基于自我决定，因此自然权利就是强者生存和暴力，社会必须从这种状态走出来，社会必须加以限制和牺牲的正是自然状态中的任性和暴行。这就由法过渡到道德。

关于由法过渡到道德，黑格尔是这样说的，"主观意志在这种作为支配法的力量的抽象中本身是一个无效的东西，主观意志拥有的真实性和实在性，本质上只是在它在其本身中是作为理性意志的定在的时候，——这就是道德"。

第二篇 客观精神

123

第五章 道 德

§ 503

自由的个体，在直接的法里还只是人（Person），在道德里被规定为主体（Subjekt），也就是在自身内映现了的意志。所谓"在自身内映现了的意志"，就是以他自己本身为对象的意志，是达到了对他自己本身的意识的意志，也是自由在其中获得了定在的意志，所以道德主体就是自由意志。

康德在《道德形而上学》中提出，法权义务是可以外在强制的义务，道德义务是不可以外在强制的义务。也就是说，你可以强迫一个人服从国家法律，如果他不服从，你可以通过外在强制对他施以惩罚，但在道德领域，是不能以外在强制的方式逼迫他去履行道德义务的。这就表明主观意志在道德上是自由的，它之所以是自由的，因为道德规定是由他内心作为自己的规定设定起来的，并且为他所愿意的。

黑格尔在《法哲学原理》一书中谈到强制和犯罪时曾说过，"诚然，作为生物，人是可以被强制的，即他的身体和他的外在方面都可以被置于他人的暴力之下，但是他的自由意志是绝对不可能被强制的，除非它本身自愿置身于这种外在表象中，只有自愿被强制的意志才能被强制成为某种东西"。由此可见，黑格尔认为，法律对人的约束是一种外在强制的约束，也就是"他律"，道德是具有自由意志的人的一种自愿的自我强制，也就是"自律"。

道德自律表现于外时就是行为，黑格尔说，"自由的主观意志在行动上的表现就是行为"。同样,在《法哲学原理》一书中,他也指出,"意志作为主观的或道德的意志表现于外时,就是行为"。由于这行为是道德主体自愿发起的,出自自由意志,因此每个道德主体都要对自己的行为负责。这就表明,主观意志在道德上只承认它所知晓的和它所意愿的东西是它的东西,并对此负有责任。

说明:这个主观的道德上的自由就是欧洲人所理解的自由。由于道德是自律,伦理的和宗教的规定,不能仅仅作为某个权威的外在法则或规范要求人们遵从,人必须拥有区别一般善与恶的知识,从而从心底里产生对伦理和宗教规定的赞同和承认。

道德具有意志的规定性,因而自身包含三个环节:故意,意图与福利,善与恶。(这三个标题对应《法哲学原理》中的"故意与责任、意图与福利、善与良心")。

一、故意

§504

黑格尔认为,主体的行动与行为是有区别的,主体只承认在他的知晓和意愿中的,即他的故意的那个定在是他自己的东西,也就是他的责任。这就是说,单纯的行动不等于故意的行为,人只对自己故意的行为负责。关于故意与责任有三层理解:

第一层理解,行动与行为有别,行为是故意的行动,因此意志对其行为负有责任。比如开车是一种行动,撞人如果是故意的,那就是犯罪行为,司机要对此负法律责任,如果是无意撞到了人,那不是犯罪而是过失。

第二层理解,故意中包含"知晓"和"意愿",因此意志只对我知晓的那部分行动负责。也就是说,我的意志仅以我的知晓为限,我对此限度内的结果负责。这样看来,希腊悲剧中的俄狄浦斯不知道他失手杀死的是他的父亲,就不能以杀父罪提起诉讼。

第三层理解,意志只对最初的后果负责,因为只有最初的后果才包含在他的意志之中。这就是说,一个人实施某个行动,可能会产生他意料不到的连带后果,在这种情况下,他只能对最初的后果负责,而无须对连带后果负责。比如司机开车撞到了一个人,致使他住院治疗。由于住院治疗,导致他公司业务损失上百万,这时司机只对他住院治疗的费用负责,无须为他公司业务上百万的损失承担责任。黑格尔提到这一点,是因为他考虑到,一种行为会产生一系列的后果,这些后果与行为本身的本性无关。司机撞了人,但司机的行为的本性并非要故意破坏被撞者的公司业务,两者没有必然关系。

二、意图与福利

§ 505

行为就其具体内容而言,具有多种多样的特殊性;就其形式而言,是他的知晓的和意愿的行为;那么行为就是意图。与此同时,行为的内容包含着他的种种目的,这个目的就构成他的福利。比如种植庄稼是行为,收货粮食才是目的,而这个目的就是他的福利。

§ 506

意图是抽象的形式,行为是具体特殊的,因而意图和行为可能陷入矛盾,比如有些出于良好意图的犯罪。同样,福利也是抽象的,是某种特殊的东西。因此,故意与意图、意图与福利、福利与法的关系,即它们具有怎样的区别和联系,这是需要探讨的。

下面这些都是《法哲学原理》中的内容，补充在此以资理解。

（一）故意与意图的关系

故意从某种意义上来说包含了意图，但故意不等于意图。故意仅仅意味着行为是主体有意而为之，但他为什么要故意而为？其中必有他的意图。作为一个能思维的人，主体应该知道某种行为的后果。故意只涉及行为的直接性，意图则涉及主体的意愿。比如用刀子杀人，按照故意的观点，他只是在受害者的脖子的某一点刺了一下，而按照意图的观点，则是侵害了受害者的生命。由此可见，故意中的确包含着意图，离开了意图，就无法理解行为者之所以行为的理由。这样，故意就成了意图的手段，比如故意点火是意图制造火灾的手段。

（二）意图与福利的关系

行为后面有意图，意图后面有更深层次的目的，那就是福利。每个人的行为中都有其需要、倾向等内容，这些内容的满足就构成福利。康德的道德观是"为义务而义务"，要完全排除对福利的考虑。黑格尔认为，排除福利的道德观是空洞的主张，是不现实的；道德的实行必须包含主观目的的满足，即包含福利在内。他同时指出，由于近代世界平面强调个人福利，这才产生了"为义务而义务"的抽象道德观，以为道德就是在同自我满足作持续不断的斗争，其实福利与道德不应该互相排斥，而是应该统一的。

（三）福利与法的关系

每个人都追求自己的福利，在这个过程中，始终都关涉到他人的福利，乃至所有人的福利，这种保障所有人的福利就被规定为法。个人的福利与法相比，只能处于从属的地位。法的基础是自由，无论是个人的福利，还是他人的福利，都不能与法相矛盾，都不能成为不法的理由。不过，在紧急情况下，可以为个人福利而违法,比如偷一块面包就能保全生命,即便这是不法行为,但不宜把这种行为看作偷窃。生命有"紧急避难权",如果与他人发生冲突而危及到自己的生命,就可以要求"紧急避难权",比如"正当防卫",这不是公道,而是权利。紧急避难权昭示了无论是法还是福利都是有限的,法的片面性只讲大家共同遵守,不讲福利;福利则只讲个人的特殊意志,不讲法的普遍性。由此,法与福利会发生冲突,解决这个冲突要靠"善与恶"。

三、善与恶

(一)善是普遍性义务

§507

自在自为的善是世界的绝对的最后目的,而且是主体的义务,主体应当拥有对善的洞见,应当使善成为自己的目的,并通过自己的活动把它实现出来。黑格尔在《法哲学原理》一书中指出,"善就是被实现了的自由,世界的绝对最终目的,善不是某种抽象法的东西,而是某种其实质由法和福利所构成的、内容充实的东西"。善包含着福利,这是黑格尔不同于康德的地方。康德认为,福利是个人的感性欲望,因而把福利排斥在善之外。黑格尔则认为,善是合法的福利,福利没有法就不是善,法没有福利也不是善。

§508

但是,善是普遍性义务,个人是特殊性意志,善的规定存在于个人意志的外面,这就唤起了两者深刻的矛盾。首先,由于对善的规定是模糊不清的,就出现了多种多样的善和义务,它们彼此对立而陷入冲突之中。然而,由于它们都是善,就应当彼此和

黑格尔《精神哲学》浅识

谐一致。这点是黑格尔与康德的不同。黑格尔看到了各种善或义务的彼此冲突,而康德认为善或义务绝不可能存在自相矛盾。

对于存在着多种多样的善,而它们又应当和谐一致,黑格尔提出的辩证的解决方案是:主体应当一方面取消各种善的冲突,一方面取消某种善的绝对有效性,将它们结合起来。这就是说,各种具体的善最终需要统一在绝对的善之中。

§509

其次,福利是个体的目的,但在善的目的中,福利不应当是关键因素,因而福利与善的和谐就不是必然的,但它们又应当是和谐一致的。这是个人的特殊性与善的普遍性的矛盾。再者,主体是自身确定性,也就是说,主体可以自己决定自己。既然善不是主体必然的选择,主体就可以选择恶。

§510

最后,外部的客观世界也构成了与主体的意志的对立。客观世界是否只让善得以实现,而抑制恶的实现;主体在客观世界里,是否行善就得到福利,而行恶就得不到福利;这些都是偶然的。主体的主观目的与外部世界的不一致,会导致"道德"与"福利"的不一致,出现有道德者不能享受福利,道德缺失者反而享受福利这样一种不公平现象,这就是康德所说的德福之间的"二律背反"问题。然而,这个世界应当是助善抑恶的。

(二) 良心和恶

§511

上述种种"应当"表明善不是客观存在的东西,主体面对这些"应当存在而又不存在"的矛盾,只好自己来解决,因为主体知道自己是决定者。对此黑格尔指出,"这种上升到其顶点的纯粹的自身确定性,表现在两种彼此直接转化的形式中:良心和恶"。也就是说,这种情况下主体的决定或选择,就转化为"良心和恶"。良心是善的意志,但这个善是纯粹主观的、非普遍的东西,是不可言说的东西。对于这样的东西,主体知道自己是能决定的。在《法哲学原理》中,黑格尔把它称之为"形式的良心",而真实的良心则属于伦理的范畴。既然只是形式的良心,它也可能转向恶,因为善和恶在自我决定中有其共同的根源。良心和恶都是主体意志的选择,主体可以把普遍性凌驾于特殊性之上,这是善的选择,也可以把特殊性凌驾于普遍性之上,这是恶的选择。

§512

自由意志既然是一种自我决定,它就是一种非客观性的东西。这样善就直接在自身中崩溃了,也就是说,善不是自由意志必须的选择。恶是主体性最内在的自身映现,是与善对立的,因为恶与善都是主体的选择,所以两者是完全相同的东西。这样,主体就必须放弃"应当"的立场,过渡到伦理。于是,黑格尔也就从主观的道德领域过渡到了客观的伦理领域。

第六章 伦 理

§513

伦理是客观精神的完成,是主观精神和客观精神的统一,也是它们两者的真理。主观精神的片面性在于,个人的自由意志是自我决定的,它与普遍的客观精神是对立的;客观精神的片面性在于,它部分地直接存在于外部事物里,部分地存在于善里,而这个善作为一种抽象普遍的东西又是个人的自由选择。扬弃它们的片面性,那么主观的自由就成为普遍的理性的意志,这个意志在个别主体的意识里,就是对自己的自知和行动意向。主观精神与客观精神的统一,形成了一个伦理实体,这个伦理实体就是现实的社会风尚。这样,个人的自由就成为了一个自然存在。黑格尔在《法哲学原理》中进一步指出,在个人身上,伦理表现为普遍的行为方式,即表现为风尚。风尚是个人对伦理的习惯,并取代最初纯粹个人的意志而成为第二天性。也就是说,习惯成自然,风尚是人的第二天性。

§514

在伦理实体中,"应当"就是存在,是一个现实的民族精神。这个精神是每个人的本质,是每个人的内在统治力量和必然性,是每个人的最后目的。这就是说,一方面,民族的伦理精神只有通过个人的自我意识才能被知道,被意愿,被实现;另一方面,民族的伦理精神又是个人自我意识的绝对基础和目的。这样,个人就无须选择要尽什么义务,民族的伦理精神既是客观存在又是个人自己的东西,个人在这种必然性里有他自己现实的自由。在《法哲学原理》中,黑格尔对义务做了进一步的阐述,这个义务不再是道德义务,而是伦理精神要求个人的义务,即法权义务。法权义务仅仅限制个人的任性,即形式的自由,而不限制个人实质上的自由。

§515

伦理实体是自由的个别性与普遍性的统一,所以每个个别的人的现实活动都是自顾的,这种自顾活动既受到全体的制约,也是向一个普遍产物(国家)的过渡。也就是说,个体的利益必须与全体的利益相同一。由于每个个体不仅知道这种同一性,而且都现实地处于这种同一性中,这就是信赖——一种真正的理论意向。比如家庭成员之间的爱,既不基于守法,也不基于道德良心,而是基于彼此的信赖。

§516

个别人在伦理实体里的种种联系构成他的伦理义务,这种伦理义务与个人的伦理人格有关。伦理人格,也就是伦理精神渗透到他的主体中,这就是德性。德性是一种对于外在存在的态度,是一种为伦理实体献身的精神,是一种以公正和仁爱对待他人关系,是个人的特殊性格和气质。关于德性,黑格尔在《法哲学原理》中论述道,"伦理性的东西,如果在本性所规定的个人性格本身中得到映现,那便是德性"。这种德性,如果仅仅表现为个人单纯地适合其所应尽的义务,就是正直。他还把德性作为个人的造诣来理解,"一个人做了这样或那样一件符合伦理的事,还不能说他具有德性,只有当这种行为的方式成为他性格中的固定要素时,他才可以说是有德性的,德性毋宁应该说是一种伦理上的造诣"。

§ 517

伦理实体的发展由低到高的阶段组成,它们是:

家庭,作为直接的和自然的精神;

市民社会,个人作为相互联系而组成的总体;

国家制度,自我意识作为精神发展而成的一个有机的现实。

一、家庭

§ 518

直接性中的伦理精神就是家庭,这种精神中的自然因素就是两性关系,两性关系提高到精神就是爱和信任,作为家庭精神就是感受爱和信任。

§ 519

性的自然区别就是男女两性,两个异性的人,基于主观的真挚的爱而结合为一个人,这就是婚姻。婚姻不仅是两性关系,同时也是一种伦理关系。实体性的真挚的爱,使婚姻成为两人之间不可分割的纽带,即一夫一妻的婚姻,身体上的结合是伦理上被连接起来的结果。黑格尔在《法哲学原理》中给婚姻的规定是:婚姻是具有法的意义的伦理性的爱,这样就消除了反复无常的主观性因素。黑格尔认为,婚姻固然含有自然因素,即涉及男女两性的自然区别,但在婚姻里,这些自然区别已经同时作为某种伦理的规定出现。因此,黑格尔反对把婚姻看成单纯的性关系,因为性爱是一种感受,有其主观性和偶然性的因素。同时,他也反对把婚姻看作契约关系,婚姻是一种伦理实体,是以爱而不是以契约为纽带。婚姻的进一步的结果,是个人的和特殊的利益的共同体,这就从婚姻过渡到财产。

§ 520

在一个家庭里,每个成员的所有物都从属于家庭整体,因此每个家庭都有自己的共同财产,即家庭财产,每个家庭成员对这个财产都有一种伦理的关切。在《法哲学原理》中,黑格尔指出,家庭需要设置稳定的产业,这就是家庭财富。于是,家庭成员的私心,就会转变为对家庭的关切,这是一种"伦理关切"。同时他还指出,在一个家庭中,身为家长的男子是家庭的代表,男子作为家长主要负责外出谋生,关心家庭需要,以及支配和管理财产。

§ 521

婚姻中的伦理,在对孩子的教育中得以实现。这种家庭教育是孩子第二次的、精神上的诞生,它使得孩子成为独立的人。黑格尔认为,家庭教育具有双重目的:一方面,向孩子灌输伦理原则,给孩子以伦理生活的基础,使孩子在爱、信任和服从中度过他们的第一阶段的生活;另一方面,使孩子超脱对家庭的依赖,达到独立性和自由人格,从而达到脱离家庭的能力。

§ 522

由于这种独立性,孩子离开原来的家庭,并建立一个新的家庭。婚姻本质上由于夫妻的死亡而走向瓦解,原来的家庭也随之解体。这样,家庭就完成了自己的使命,过渡到市民社会。于是,对于家庭纽带来说种种陌生的法的规定,就开始进入到那种人与人的相互关系中来。

二、市民社会

§§ 523

黑格尔在《精神现象学》中谈到,由于人的法则(国家法则)与神的法则(家庭法则)的冲突,古希腊伦理国家解体,从家庭中独立出来的人成为了自由的、自为的个体。他们追求自己的私利,因而每个人就像原子那样与他人相联系,社会成了原子式的系统,这个原子式系统就是市民社会,黑格尔也称之为外部国家。之所以叫"外部国家",因为市民们的联合已经超出家庭,他们的联合是外在的。

真正的市民社会应该是近代资本主义社会,这点他在《法哲学原理》中明确表明"市民社会是在现代世界中形成的,现代世界第一次使理念的一切规定各得其所"。但是,市民社会有两个原则:第一个是特殊性原则,也就是说,市民社会中具体的人作为特殊的人,其本身就是目的,每个人都以自然性和任性来满足自己的需要;第二个是普遍性原则,市民社会中的每一个特殊成员都必须与别的特殊成员发生关系,这种关系就是彼此互为目的和手段。古希腊伦理国家解体后,社会或国家产生了三个系统,它们分别是需要的系统、司法、警察和同业公会,这三个系统正是上述市民社会两个原则的体现,所以黑格尔将古希腊伦理国家之后的社会形态看作是市民社会。下面分别论述这三个系统。

(一)需要系统

§ 524

在市民社会中,每个人的需求(衣、食、住、行)都要借助于别人，要以别人为中介。或者说，每个人都必须将自己的劳动成果与他人交换，才能满足自己的需求，这就构成了一个"需要系统"，这个需要系统就是市民社会本身。在市民社会里，你不可能通过直接占有来满足需求，因为这些东西都是有主的，只有以自己的劳动成果与他人进行交换，才能满足自己的需求。在《法哲学原理》中，黑格尔强调了这种互相依赖性，"需要和手段，作为实在的定在，就成为一种为他人的存在，而他人的需要和劳动就是大家彼此满足的条件"。

§525

由于个人的需求无止境地增长，满足需求的手段也相应地增加，这就产生了生产的分工，并因而需要对工人进行技能教育。

§526

同时，分工带来了劳动的单调性，使得工人只能掌握一种技能，并导致他们对社会的无条件依赖。此外，由于生产的单调化，使得劳动越来越机械化，最后完全由机器代替了人。

§527

每个人在为私利而劳动的同时，也满足了别人的需要，这样就促进了"普遍而持久的财富"。这种普遍财富是一种"普遍事务"，使得社会产生了拥有不同技能的人群，这就造成了等级的差别。市民社会产生了三个等级，个人按照他的技能被分配到不同的等级中。

说明：凡有市民社会和国家存在的地方，就有各个不同的等级出现，因为国家作为一个有生命的普遍实体，它必须让各个等级的成员各司其职，才能实存着。宪法的历史就是等级形成的历史,就是个人与等级的关系的历史。

<h1 style="text-align:center">§ 528</h1>

第一等级:实体性的、自然的等级

这个等级就是农业等级,他们在所耕种的土地上"拥有一种天然的和稳定的财富,他们的活动通过诸自然规定获得其方向和内容",也就是说,农业等级拥有的财富就是稳定的土地,他们靠土地和天气耕种庄稼,这一等级的伦理是直接以家庭关系和信任为基础的。

第二等级:反思的等级

这个等级是产业等级,他们以对自然产物的加工制造为其职业,他们本质上是从别人的需要中获得自己的生活资料。因为他们的劳动主要是满足别人的需要,将自然产物进行二次加工,比如将面粉加工成面包,将布匹加工成服装等,所以称为反思的等级。这个等级完全靠自己的技能、理解力、勤奋养活自己和家庭。他们的自尊感跟建立法治有密切关系,因为他们需要自由和秩序。这个等级又细分为工业等级、手工业等级和商业等级。

第三等级:思维的等级

这个等级是国家官员,他们以国家的普遍利益作为他们的事务,也就是管理国家事务。他们像第二等级那样拥有自己的知识和技能,又像第一等级那样拥有生计的保障,不过这个保障不是来自于自然,而是由社会整体即国家给予保障,即国家对他们的服务给予薪酬和待遇。这个等级一般都拥有私产。

(二)司法

市民社会的第二个环节是司法,其功能旨在保护所有权。在市民社会,所有权由司法来保护,侵犯个人财产、破坏个人间

第二篇 客观精神

137

的契约,这些都不是个人的事,而是社会性的事。

§529

每个人都有自己的需求和任意,但人与人之间又是互为目的和手段的。在这样的社会中,就需要有一个稳定社会秩序的规定,这个规定就是法。法应该作为普遍的东西进入每个人的意识中,并被规定为有效的和公知的东西,这就是法律。由此可见,在黑格尔那里,法(das Recht)和法律(das Gesetz)是有区别的。

说明:黑格尔批评了两种对法律的观点。

首先,法律必须是明确的成文法,这样它才能被公知和有效。制定法律条款,难免有一些偶然性的和任意性的东西在其中,因此它的内容可能是合理的,也可能是不合理的或不公正的,比如对某种犯罪到底是判三年还是两年半监禁,是罚款10个还是15个银币,这些都不可能绝对合理,指望法律具有绝对完善性,那是一种空洞的意见。

其次,把法律看作一种祸害,认为世袭神权和贵族统治才是纯真的状态,这是完全错误的。自然界有其自然规律来统治,人类则不同,他们知道他们的法律,并服从他们知道的法律,法律只有被公知,才是真正公正的法律。

另外,黑格尔在《法哲学原理》中强调了法律面前人人平等,认为教养的目的就在于把人当人看待,"人之所以为人,正因为他是人的缘故,并不因为他是犹太人、天主教徒、基督教徒、德国人、意大利人等等不一"。

司法包括:作为法律的法,法律的定在,法庭三个环节。

1. 作为法律的法

所谓"作为法律的法",就是将法或权利设定为客观定在,即

黑格尔《精神哲学》浅识

制定为成文法,将之公布于众,通过这种方法,法就成为公开的法律。关于法典的问题,黑格尔反对那种认为法典是不可能或不能实行的观点。他认为,最初的立法是从个别条款开始的,这些个别条款会不断增多,于是就出现了对简明法典的需要,也就是把那堆个别条款总括起来,形成更具普遍性的条款。善于发现和表达普遍规定是和一个民族的智力和文化相应的。黑格尔在《法哲学原理》中指出,"否认一个文明民族和它的法学界具有编撰法典的能力,这是对这一民族和它的法学界的莫大侮辱"。当然,对于法典可以进行修改,但修改并不能成为否定法典的理由。

§ 530

2. 法律的定在

法的定在形式,就是作为法律被公布,让每个人都知晓,这是法律的外在约束力。在《法哲学原理》中,黑格尔表达了相同的观点,"从自我意识的权利方面说,法律必须普遍地为人知晓,然后它才有约束力"。这种法的定在,同时就是普遍有效的和必然的客观定在。这样,人们的所有物和关于所有物的私人行为,就被得到承认,并通过法律的正式手续而获得了保障。

§ 531

3. 法庭

法律注定有其必然性,"自在的法"即个人的权利,必须向法庭证明自己拥有这种权利。个人的权利与证明材料可能是不同的,法庭的职责就是从个人权利中去掉其偶然性,保障个人正当的权利不受到侵害。比如,二战后许多犹太人回到以色列,他们原先拥有产权的房子已被巴勒斯坦人占有,巴勒斯坦人以自己在此已居住了十多年为自己的权利，犹太人提供房契为证明材料，法庭否定了巴勒斯坦人权利中的偶然性成分，保障了犹太人的正当权利。不仅如此，以前个人权利受到侵害，个人只能采取复仇的方式，有了法庭，就将个人的复仇，转变为对罪犯的刑罚。

说明：法庭对犯罪事实的取信来自两方面，一是证据，一是被告的自供，这是陪审团的职责范围。于是，法庭的判决就由两个组成部分，一是事实真相，一是量刑。事实真相的采信由陪审团来决定，量刑由法官决定。罪犯的自供是主观的，陪审团听取证词所下的有罪无罪判断也有主观成分，所以这两个环节都不是完善的。因此，审判要求法官和陪审团都要超脱个人私利和成见，必须保持公正无私。

§532

司法的职责只是保护个人的自由，但这种保护还建立在法官的主观性基础上，也就是说，法律考虑的是国家秩序，个人考虑的是个人福利，两者尚未达到必然的统一，因此就需要某种外在东西来加以维护，这外在东西就是警察和同业公会。

（三）警察和同业公会

黑格尔这里的"警察"是广义的，指一般行政事务，包括规定日常生活必需品的价格、商品检查、强制教育、市场管理等活动。

§533

司法只是对犯罪的惩罚，不能完全防止犯罪的发生，对个人福利则听其自然。在市民社会中，目的在于满足需求，即实现个人的福利。但是，一方面由于需求本身的可变性，一方面由于生产与生产是相互牵制的，比如农民生产麦子，面粉厂将麦子加工成面粉等，这就使得供需关系可能发生错误和欺骗，从而使整个需要系统陷入混乱,尤其是个人谋取财富的能力是有限的。正是由于这种情况,为维护正常秩序,就需要警察的出现。

<h3 style="text-align:center">§ 534</h3>

警察具有调整和监督的权利,以保证个人福利不受阻挠,因而警察是一种公共权利。警察的工作包括规定日常生活必需品的价格、商品检查、强制教育等。

同业公会是各行各业的成员根据其技能而成立的"劳动组合",是各成员的第二家庭,其使命是保证成员的财富。在同业公会中,成员从其私利中摆脱出来,为一种相对普遍的目的而活动。

同业公会的目的只限于某个行业,警察则只是从外部来维护个人利益,两者都有局限性,这样市民社会必然要过渡到更高的阶段——国家。

三、国家

<h3 style="text-align:center">§ 535</h3>

国家是有自我意识的伦理实体,是家庭原则和市民社会原则的结合。家庭原则是爱的情感,爱的情感就是国家本质,这个本质通过市民社会原则而获得了普遍性,个体以这个普遍性为自己的内容和绝对目的,以致个体自为地要求这个合理的东西。这就是说,伦理实体在家庭阶段只是爱的情感,通过市民社会发展到国家阶段,爱的情感才成为普遍的形式,即思想形式。

关于国家概念,黑格尔在《法哲学原理》中做了一些说明:

(1)国家是伦理理念的现实,是伦理精神的完成。个体的人只有在国家中才获得真正的自由。

（2）国家是绝对自在自为的理性东西，是自身目的，成为国家成员是个体的人的最高义务。

（3）国家是现实的，它的现实性在于，整体的利益是在个体的目的中成为现实的，现实性始终是普遍性与特殊性的统一，如果不是这种统一，特殊性就不是现实的。这就像被砍下来的手，尽管还是一只手，但毕竟不是现实的手，因为它已经离开了有机的身体。

（4）自在自为的国家是伦理性的整体，是合乎理性的意志，而意志是自由的，因而国家作为合乎理性的意志就是个体现实的自由。

（5）国家理念是"现实的神本身"，是神在地上的行进。这里所说的国家指国家理念，而非某个具体的国家。具体的国家可能是坏的，但国家理念却是神圣的，人们必须崇敬国家。

§ 536

国家理念有三个环节：

内部国家法或宪法，这是国家内在形态作为自己与自己联系着的发展。

外部国家法，这是一个国家与另一个国家的关系。

世界历史，这是精神的普遍理念在现实发展中过程中的一个个环节。

在《法哲学原理》中，三个相对应的标题是：国家法，国际法，世界历史。

（一）内部国家法

§ 537

内部国家法就是国家的内在制度。黑格尔指出："国家的本质是自在自为的普遍东西,意志的合理的东西,但是,作为自知和实现着的,它完全是主体性,而作为现实性则是一个个体。"这段话表达了几层意思。首先,"国家的本质是自在自为的普遍东西",即是说,国家的普遍性是具体的,是普遍性与个人特殊性的统一,这是国家的主体性原则。其次,国家的本质是"意志的合理的东西",即是说,国家是自由的现实化。再次,国家"作为自知和实现着的",即是说,国家是有自我意识和生命力的。最后,国家"作为现实性则是一个个体",即是说,国家是一个整体,一个普遍性与特殊性相统一的整体。

国家的工作一般来说是双重的:一方面,国家要保持个人的法权,使法权成为现实,促进既是个人的也是全体人的共同福利,并保护家庭和引导市民社会;另一方面,国家要把以个人为中心的活动,引回到国家生命中,对家庭和市民社会进行抑制,从而把它们保持在国家法律范围内。前一方面是国家对个人的爱的情感,后一方面是国家对个人的强制性。

§538

至于法律与个人自由的关系,一方面法律对个人的任意和特殊利益是一种限制;另一方面法律是最终目的,法律是通过各等级代表和个人的诉求而产生出来的共同作品。所以,法律是个人的自由意志的实体,这样,法律就表现为通行的社会风气。因此法律其实并不是对个人的限制。

§539

宪法是国家权力的有组织的划分,理性意志以这种划分,一方面达到对它自身的理解,另一方面通过政府各部门的作用而被转变为现实,并在这现实中得到保护,以避免政府部门和个人主观意志的侵害。宪法是实存的正义，即自由在其一切合理规定的发展中的实现。

说明：自由和平等是些简单的范畴，应当构成宪法的基本规定和最终目的。但自由和平等的缺陷在于它们是完全抽象的，如果拘泥于这种抽象形式，要么宪法得不到实行，要么宪法被毁灭。随着国家的产生就出现了不平等，出现了统治层和被统治层。

首先说平等，"人人生而平等"这个命题里包含了天生的东西和概念的混淆，这里的平等只是人格的平等，只是说你被承认为人，并在法律上有效。这就表明在法律面前人人平等，而非生而平等。法律面前人人平等，这是对精神最深刻的原则的意识，这种意识是历史发展的产物。法律面前人人平等，它所表达的只是法律统治着社会。通常所谓的"法律面前人人平等"只是在财富、年龄、才能等方面得到的平等待遇，其实人们在法律面前并不平等，法律本身是以不平等为前提，并制定出种种不平等的法律权限和义务。

至于自由，它部分的是反对个人的专横和不法，部分的是个人主观的自由。个人主观的自由，既关系到个人的任意和特殊目的，又关系到个人对公共事务的见解和参与的要求。法律的每一条款都是自由，但自由并非个人想怎样就怎样。黑格尔认为，每个人在关系到他人的自由时都必须限制自己的自由，国家就是这种互相限制的状态，法律条款就是各种限制。有人认为，现代民族平等多于自由，黑格尔不同意这种观点。他认为，正是现代国家的高度发展，才产生了个人在现实中的不平等，而由于法律的合理性和巩固，导致了更大的自由，并能容忍这种自由。自由越是巩固，对自由的意识就越显现出主观意志。这种主观的自由，一方面意味着不平等，一方面也只能在现代国家中成长。这种主观自由是受个人的任意束缚的，因而它必须限制自己,以免侵犯他人的自由,有限制的自由才是合理的自由。

至于政治自由,也就是指个人意志和参与国家公共事务。人们通常把个人能参与国家事务的国家看作有宪法的国家,反之则是没有宪法的国家。对此黑格尔指出,宪法必须理解为对自由权利的规定和实现自由的体制,政治自由只能是宪法的一部分。

§540

宪法保证了法律是合理的和能实现的,这种必然性就在于民族精神。民族精神是一个民族理性的自我意识,因此这种必然性同时也在于与这种自我意识相符的国家体制。宪法以这种民族精神为前提,反过来,民族精神也以宪法为前提。

说明:谁有权制定宪法,谁就有权制定民族精神,换言之,正因为民族精神是集中了一切人的精神,所以制定宪法也是一切人的权利。把宪法与精神分开,这是一种肤浅的思想。正因为宪法与精神不可分,宪法与精神的发展是相一致的,是和精神一起由概念决定的种种必然的形成阶段,制定宪法就是内在精神和历史,这个历史只是精神的历史。

§541

在市民社会里,自然形成的组织是家庭和社会等级,而作为有生命的总体是政府。政府是宪法的普遍性,即是说,政府的职责是保持和实现宪法的规定。政府组织是权力的区分,这些权力的种种特性是由概念决定的,在概念的主体性中相互渗透并成为现实的统一性。这里的"概念的主体性"指君主,在下文中有详细阐述。

说明:概念的最直接的范畴是普遍性和个体性。个体性包摄在普遍性之下,所以在国家里,立法权和执法权被分开,前者是绝对至高无上的权力,后者再分为政府部门和司法部门,它们按照法律运行。但是,使立法成为独立的权力,并且是最高权力,政府要从属于立法权,政府只是执法部门,这种看法是缺乏知识的。真正的理念,是把普遍性作为一个环节包含在自身的主体性中,个体性(君主)是国家有机体中的第一的,也是最高的规定。只有把执法部门和立法部门都包括在自身内,国家才是一个国家。

§ 542

在作为有机总体的政府里,首先,作为统一性的主体性是国家意志,这个国家意志就是君主的统治权。在国家里,主体性不是某个道德个人或由多数人产生的决定,现实的个体性就是一个进行最后决定的个人意志,这就是君主。因而君主立宪是理性的宪法,其他宪法都属于较低阶段。

说明: 国家权力统一到君主的家长制,或者一切人参与一切事务的绝对民主制,都是与权力划分相冲突的。但是,权力划分必须返回到统一性,即主体性。这种主体性作为实存就是君主。所有的共同决定或共同意志,都有某种抽象的非现实性。君主立宪制表现在:政府内部事物对外须有君主的批准,君主的位子由世袭制确定。黑格尔所处的时代是普鲁士王国,他不反对君主制是情有可原的,但至少他提出了君主立宪。

§ 543

其次,政府部门划分为立法、司法和警察等权力部门。它们依据法律工作,因而既有独立性,也从属于上级的监督。这就出现了许多人参与国家事务,这些人构成了"思维等级"。他们能参与国家事务,是因为他们拥有知识和技能。

§ 544

市民通过同业公会和自治团体选派议员与政府组成等级会议。等级会议所涉及的是私人参与政府权力,特别是立法,这些利益不涉及君主的权力。这种参与使主观的自由能得到显露,并得到某些价值的满足感。

说明:国家制度区分为民主制、贵族制和君主制,这些制度必须被看作国家发展历史中的必然形态,但不可把它们看作选择的对象。君主的意志处于国家的顶峰,东方专制制度也是这样的,但东方专制制度与君主立宪制是不同的。真正的君主立宪制是保证财产自由、政治自由、产业社团自由、以及政府受限制、依法行政这些原则能得以通行。

另一个问题是,在什么意义上来理解私人参与国家事务。等级会议的成员是私人,私人一般只考虑自己的特殊利益和同业公会的特殊利益。比如英国在立法上就特许某些集团享有特许权。私人参与国家事务必须考虑社会的普遍需求,主要是行使这样一种权利,即公共精神有权对国家事务产生影响。因此,将等级会议理解为立法权,那是错误的。等级会议只构成立法权的一部分,在这部分中,政府起主导作用,而君权起最后决定作用。

§ 545

最后,国家是个别的民族直接性。国家与国家是排他性的,在国与国的关系中难免发生任性,于是争执会成为战争状态。为了战争,国家官员就抱定抵抗其他国家以捍卫自己国家的独立自主。

§ 546

战争状态表明国家这个实体的威力,每个人在它面前都自觉到,个人的特殊独立性、个人的财产、甚至生命都是微不足道的,每个人都表现出为保卫国家而献出一切的牺牲精神。

(二)外部国家法

§ 547

战争是拿国家的独立自主来冒险,但就另一方面看,战争导致各民族的相互承认,并借助于和平协议把这种承认以及各民族的权限确定下来。外部国家法部分地基于正面的条约,部分地基于国际法,国际法的普遍原则是预先得到各国承认的。因而各国没有约束的行动受到限制,和平有了可能性。一般来说,国际法是基于惯例的。

(三)世界历史法

§ 548

民族精神是现实的,由于它的独特的地理和气候因素,它便具有一个特殊的原则,它的意识和现实发展都是被这个特殊原则所决定的。它在时间中,这样,一个民族精神就是它自己的历史。但民族精神是有限的精神,是从属于它的特殊性的。一个民族的历史必然要过渡到普遍的世界历史,民族精神的辩证法就是否定自己,民族精神必然要过渡到世界精神,由世界精神对它做出判断。黑格尔在《法哲学原理》中指出,"从民族精神的辩证法产生世界精神,这种精神在作为世界法庭的世界历史中,对民族精神行使着它的高于一切的权利"。他把世界历史比作法庭,认为这个法庭的最高裁判官是世界精神,即绝对精神。

§ 549

这个运动就是精神实体解放的道路,是世界的最终目的实现自己的行动。最初只是自在的精神把自己引导到意识和自我意识,进而引导到自在自为的本质显现和实现,使自己成为外在普遍的精神,即世界精神。这个运动过程是在时间和空间中的,因而就是世界历史。每个民族的历史只是世界历史中的一个阶段,因而每个民族的精神只是世界精神中的一个环节,它注定只占据世界精神中某个阶段,并只能完成世界精神中的一个任务。

说明:下面黑格尔讨论了三个问题:历史的写法或历史中有无理性,民族精神与世界精神的关系以及世界精神上升为绝对精神,国家和宗教的关系。

1. 历史的写法或历史中有无理性

黑格尔主张,世界历史有一个自在自为的目的,这个目的将在世界历史中实现出来,也就是说,历史中有理性。但有人反对这种主张,将这种主张称为"先天历史观",并对这种主张加以责难。对此黑格尔认为,真正应该批判的是另一种"先天历史观",这种历史观预先假定一些任意的观念,并企图去发现某些历史事件符合这些任意观念。他们先制造一些虚构,比如虚构出某种原始状态,然后发现这些虚构拥有科学的真知灼见,就像把中国古代的"易"看作真能科学地预测未来;就像虚构的罗马史诗,认为它对古罗马史有历史价值,如此等等。这种历史学家自称"纯粹的历史学家",他们反对对历史作哲学的思考。另一种要批判的历史观是要求历史学家"不偏不倚",即不带观点,纯粹描述历史。一种历史不能没有一个对象,比如罗马帝国的历史,人们正是从一种预设的观点来评判它为何从兴盛到衰败的。缺乏观点和评判,无思想地著述历史,那只能是低能的故事堆积,连童话都不如。再以研究一个民族的历史为例。这类研究必须注意,一个民族的目的就是成为一个国家和保卫自己的国家。没有国家的民族,实际上没有历史。继而从研究历史上的杰出人物来看,一个时代的普遍精神总是在一个杰出人物的性格里留下足迹,甚至一个微小的事件,也不是一种主观的特性,而是一个时代、一个民族、一种文化,时代精神就包含在事件中。因此有才华的历史学家就善于挑选出这样的事件,而平庸的历史学家则是搜集一大堆琐事。

有一种观点要求哲学史中不能出现客观目的即真理,只能有主观目的即意见和表象,他们的理由是世界上不存在真理。这样,著述历史就只有正确性,即对事件的准确描述,而不允许有任何必然性或概念出现在历史中。但事实上,在罗马或德意志的政治史中就有客观目的,那么在世界历史中,普遍精神更加是一种自在自为的目的。精神在历史中活动着,并且是唯一的历史推动力。精神是历史发展的决定者,而且只有精神的概念才是这发展的最终目的。换句话说,历史中有理性,这个见解部分的是信念,部分的是哲学认知。

2. 民族精神与世界精神的关系以及世界精神上升为绝对精神

§ 550

关于世界精神上升到绝对精神,黑格尔指出,“精神在其解放中达到自己本身并实现它的真理,精神的这种解放和解放的事务是至上的和绝对的法或权利”,这就是说,精神完全有权实现它的真理,这个真理就是绝对精神。某一个民族之所以能成为支配世界的民族,是因为它的自我意识代表了普遍精神的某个发展阶段,普遍精神在这个民族里成为现实,比如罗马帝国、亚历山大的马其顿帝国等。不过这只是普遍精神的一个特殊阶段,普遍精神同样要跨越这个特殊阶段,抛弃这个民族。

§551

就现实性而言，那个特殊民族能支配世界，是因为它有杰出的领袖，比如，罗马帝国的恺撒皇帝，马其顿帝国的亚历山大大帝。然而这个杰出领袖的功绩，只是普遍精神的工具，他所获得的回报只是声誉而已。

§552

民族精神是在伦理中思维着的精神，它也在自身中扬弃它的国家的暂时利益，扬弃它在法律和风俗里的有限性，而把自己提高到对本质的知，不过这种知还是一种具有民族精神的内在局限性的知。但是，世界历史的思维着的精神，通过它否定诸民族精神的局限性而把握住它的普遍性，并上升到对绝对精神的认知，达到了这个高度的认知，就认识到自然界和人类历史都只不过是绝对精神的外化。

说明：由于涉及世界历史中思维着的精神上升为绝对精神，黑格尔也就谈到了精神上升为上帝的问题，因为绝对精神就是上帝概念，这样，他就转而探讨了国家和宗教的关系。

3. 国家和宗教的关系

关于精神上升到上帝，康德认为这个上升的出发点就是对上帝的信仰，这个观点基本是正确的。上帝既不是宇宙论所证明的"存在"，也不是自然神论所证明的"合目的的活动"，上帝是精神。理性对上帝的认知，就是把上帝看作自我实现的概念——自由。相比这种认知，康德的观点尚有其缺陷，因为在康德的观点中，上帝只是"悬设"和"应当"。

关于精神上升到上帝，这里有必要指出"间接性"和"否定"两个环节。上帝信仰的出发点是伦理的自我意识，自我意识把它的精神提高到真理,也就是要清除主观意见和自私欲求,这是否定环节。真正的宗教只从伦理中产生,并且是思维的宗教。思维即是对宗教本质的认识,因为是从伦理中产生,所以伦理是精神上升到上帝的间接性。只有从伦理出发,上帝的理念才被认识为自由的精神。

尽管宗教是从伦理出发的,好像伦理在先宗教在后,但其实宗教是伦理和国家的基础。伦理是国家的实体性内核,国家是伦理的实现和显现,而国家和伦理的实体性则是宗教。国家以伦理意向为基础,伦理意向则以宗教意向为基础。因为宗教是对绝对精神的意识,伦理只有在宗教真理之下,才是合理的权利、正义和法律。伦理是一个民族的自我意识中的神圣精神,这个自我意识要进入真理,只有靠信念和良心。有一种错误的意见,认为国家是依靠某种力量和权力而实存的,伦理是独立地靠它自己的基础确立起来的,宗教只是某种值得追求的东西。其实国家、伦理、宗教三者是不可分的。在《法哲学原理》中,黑格尔进一步指出,"宗教以绝对真理为其内容,所以最高尚的情绪就是宗教的情绪","国家是神的意志,也就是当下的、展开为现实世界形态的地上的精神"。

另一个要说明的是宗教自身的形式与内容的分离。宗教的内容是精神性的东西,这个内容是自由的,但宗教的形式却并不自由。基督教的本质是对上帝精神的认知,而不是一些具体的圣物。但在天主教里,精神与个人是对立的。天主教崇拜外在的圣物,比如圣杯、耶稣裹尸布等。天主教的信徒必须从神父那里接受指导,而神父给予信徒的不是精神,而是一种外在的对圣物的膜拜仪式。尤其不可理喻的是,信徒必须通过神父向上帝祈祷,上帝的祝福必须通过神父传递给信徒。总之,天主教把上帝精神束缚在一种外在存在上,因而精神的概念就被误解和歪

黑格尔《精神哲学》浅识

曲了,同时它的法和正义、伦理和良心、责任和义务就从根子上被败坏了。

与宗教中这种精神的不自由相应的,就是现实的国家中的非正义和非伦理的状态。天主教鼓吹自己是国家得以巩固的保证,但事实上这些国家的政府是建立在不公正制度和伦理败坏的基础上的,因此在这些国家中,存在着与政府对抗的力量。但在精神层面,还有另外一支力量,即是世界智慧。世界智慧就是哲学,因为哲学是思维,哲学思维引导精神进入世界,并使精神在其现实性中得到自身的解放。

形式与内容的分离,产生了原子式的个人,他们凭自己的劳动获取财富,也就是进入市民社会。市民社会呼唤诚信,因而产生了法律和道德需求。法律管世俗社会,道德管精神世界,这就是"恺撒的东西归恺撒,上帝的东西归上帝"。但问题在于,什么东西是恺撒的,即什么东西属于世俗统治。众所周知的是,世俗统治与教会统治一样,想把一切都归到它的统治之下。因此重要的是,上帝精神必须渗透到世俗中去,企图把国家和宗教彼此隔绝为两个领域,那是愚蠢的。随着对法律和伦理的需要,产生了个人精神自由与不自由的宗教之间的决裂,光是改变败坏的伦理制度、国家宪法,而不改变旧宗教,那是一种无改革的革命。这里还是谈国家与宗教不可分。

早在古希腊,柏拉图就已经意识到这种分裂,它表现为,一方是古希腊宗教与国家制度,一方是自由精神。黑格尔认为,就时间而言,绝对精神首先是通过表象被把握到,因此在古希腊,绝对精神首先在宗教中存在,然后从宗教中发展出国家,最后才是哲学。只有当哲学以概念来认识绝对精神,绝对精神才达到了自己的完成。

这样就出现了宗教、国家、哲学三个东西。宗教对上帝是表象认识,表象认识是直接性的、片面的认识,它摆脱不了感性的外在性,并进而以这种感性外在性来压制精神自由。国家没有一个合理性的宗教为基础,就不会产生合理性的伦理即宪法和法律。哲学是对绝对精神即上帝的概念认识,它能克服旧宗教的腐败,所以哲学是宗教的纯化剂。因此国家、宗教和哲学是重合为一的,也就是说,三者的和解得以实现。这就产生了马丁路德的宗教改革,诞生了新教。新教产生的结果是:宪法以及法律都以伦理原则为其内容,而这个伦理原则是从宗教真理中产生的。这样,国家伦理和宗教精神就是彼此互为巩固的保证。

在论述了"世界历史"这个环节之后,黑格尔就由客观精神过渡到关于艺术、宗教和哲学的绝对精神的哲学。

第三篇　绝 对 精 神

万事万物都有其本质，最高的本质就是宇宙的本质，这个本质是绝对的，而万事万物的本质都是相对的，因此这个本质也叫"绝对"或"绝对理念"。宇宙的本质是宇宙运行的最大的客观规律，自然的宇宙是本质的宇宙的外化，就是说，宇宙是这个规律外化出来的现实存在。我们人类通过对这个外化的认知，也就达到了对宇宙本质的认知，这种认知就是绝对认知。绝对认知的内容是精神性的，所以将这种内容称为"绝对精神"，绝对精神也就是"道"。

§ 553

绝对精神哲学研究的对象是绝对精神，首先让我们看看绝对精神是什么。

按照黑格尔的描述，绝对精神是一个概念，这个概念有它的实在性或实存，人类领悟到这个实存与绝对精神是同一的，这个领悟就是对绝对精神（绝对理念）的知。这就是说，宇宙运行的最大的客观规律就是绝对精神。绝对精神是一个概念，这个概念外化出来的实存就是自然的宇宙，既然自然的宇宙是绝对精神外化出来的，绝对精神与自然的宇宙就是同一的，我们人类领悟到这个同一,就是对绝对精神的认知。这样在我们面前就有三个东西:绝对精神,自然界,人的精神。《小逻辑》就是对绝对精神的框架结构所做的阐述,《自然哲学》就是对自然界运行规律的阐述,《精神哲学》就是对人的精神的分析,人的精神最终是达到对绝对精神的认知。黑格尔认为,人类理智发展的进程,必然要从自然界解放出来,走向对概念的认知,主观精神和客观精神就是这个发展进程中现实的两个阶段。

§ 554

绝对精神是永恒地在自身内存在着的,同样是向自身的回复,回到与自身的同一性,绝对精神是唯一的和普遍的精神实体,同时又把自己分割为自己和一种知,对这种知来说它就是实体。这就是说,绝对精神是一个精神实体,它外化自己为实存的自然界(自然哲学),同时又把自己分割为自己本身和一种知(精神哲学)。自然界是绝对精神的显现,这个知是人类理智对绝对精神的认知,所以自然界和人类对绝对精神的认知,两者都是向绝对精神的回复,与绝对精神是同一性的。宗教是个人信仰,但这个信仰的对象是上帝,上帝也就是绝对精神,所以宗教团契中的精神就是绝对精神。

说明:对上帝的信仰和对绝对精神的知,两者并不对立。对上帝的信仰宁可说就是对绝对精神的知,信仰是知的一种特殊形式。现在人们更多的是谈论宗教,也就是该如何信仰上帝,而对上帝的本质即绝对精神的研究却很少花功夫。不过这中间至少有其正确的方面,即上帝在宗教团契中被理解为是精神。

§ 555

对绝对精神的认知本质上是个人自身内的过程,这个过程

黑格尔《精神哲学》浅识

就是个人对上帝的信仰。信仰在祈祷里，即在对上帝的崇拜里，就过渡到扬弃自己与上帝的对立，走向精神的解放，并通过信仰去证实对客观真理（绝对精神）的确定性，同时达到与上帝的和解，这个和解意味着上帝不再是彼岸，上帝就在我心中。

对绝对精神的认知，经过了三个阶段，它们是：艺术、宗教、哲学。三者的对象都是绝对精神，只不过它们的意识和认知的形式有所不同，这些不同的形式表明认知的内容由低到高的发展过程。

第七章 艺 术

§556

黑格尔在《精神哲学》中对艺术的论述是很简略的,要想全面地了解他对艺术的哲学思想,可以参阅他的《美学》。在《美学》一书中,黑格尔认为,艺术是对"绝对精神"的一种直接的、感性直观的呈现,具有感性直观性;同时他也对艺术进行了分类,分为古典艺术、象征艺术和浪漫艺术;此外,他反对艺术模仿说,主张只有在宗教中才能体现美的艺术。这些观点在《精神哲学》中都能找到。

作为对绝对精神的第一种知的形式就是艺术。艺术的有限性在于:一方面,艺术必须有一个直接的外部定在即艺术品,一个艺术品的创作者即艺术家,以及对艺术品进行直观的主体即欣赏者;另一方面,因为创作者以自己对绝对精神的理解来创作艺术品,艺术品就只是理念的符号或理念的表达。因此,艺术的有限性就在于它的直接性。不过黑格尔在《美学》中说,"正是这个理念与个别现象的统一,才是美的本质和通过艺术所创造的美的本质"。

§557

艺术品的感性外在就是它的直接性形式,同时艺术品必须有它的内容。因此,艺术品就只是自然(形式)和精神(内容)的统一,而不是精神自身的统一,因为精神自身的统一必须扬弃自然的东西。从个人主观方面看,宗教团契是一个伦理的社团,它知道自己的精神本质即上帝精神。因此,宗教的祈祷和崇拜要高于宗教艺术,因为这种祈祷和崇拜使个人直接达到上帝精神,而宗教艺术还只是间接性的表达上帝精神,不过宗教艺术为个人达到上帝精神起到了中介作用。

§558

艺术必须创造直观,它不仅需要外在的、给予的材料,而且为了表达内在的精神,还需要给予形式以意义。在各种艺术形式中,人的形象是最高的最真实的,因为精神只有在人的形象中才能真正表达出来。这就是说,精神在人体中以直接的、形体的方式直观地呈现出来,而这种以形体的方式呈现精神的人体,正好是艺术所需要的。所以,古希腊和古罗马的雕塑大多是人体雕塑,以人体为主要内容的油画和壁画,也是西方艺术的主流。

说明:艺术的本质是通过直观反映精神,所以艺术"自然模仿说"完全不能成立。自然模仿说仅仅是从外在于精神的角度来理解自然,它看不到自然东西中的精神性。在《美学》中,黑格尔对"自然模仿说"进行了批判和讽刺,他说"靠单纯的模仿,艺术总不能和自然竞争,它和自然的竞争,就像一只小爬虫爬着去追赶大象"。

§559

绝对精神无法在艺术品中得到阐明,所以,艺术精神只是一种有局限的民族精神,这种精神在它的进展中就分解为一种多神教。带着这种局限性,多神教民族的艺术品只是一种形式的东西。尽管它们是美的艺术品,但思想在它们身上还不是本质的东西。

§560

艺术品还有一种片面性。艺术品应该表达理念,但艺术品是艺术家创作的,难免带有艺术家的主观性,因此艺术品实际上是一种任性的作品。

§561

艺术品的一个方面是理念或内容,另一个方面是形式或形象,这两方面应该得到融合。这种融合经历了三个阶段,因此艺术也有三种类型:象征艺术,古典艺术和浪漫艺术。黑格尔在《精神哲学》里对艺术的论述很简略,因此有必要把《美学》中的内容拿到这里作为补充,以便理解。

第一种类型是象征艺术。在象征艺术里,形象无法表达理念,而理念又不断地在寻找能表达自己的形象,却永远找不到。象征只是一种提示,而不可能真正表达理念。比如原始民族用一块木头象征神,但木头毕竟无法表达出神的理念。这是艺术的原始阶段,其主要代表是东方泛神主义的原始艺术。

第二种类型是古典艺术,其主要代表是希腊神话。在这类神话中,诸神都是人的形象,但他们不是人。古典艺术用人的形象体现神的理念,达到了理念与形象的融合。黑格尔在《美学》中指出,"古典艺术把理念妥当地体现在能适合该理念的形象上,因此理念就可以和形象形成自由又完美的协调……理念在时间中的显现就是形象,这个形象也就是人的形象"。

第三种类型是浪漫艺术,典型的浪漫艺术有绘画、音乐和诗。它们比起古典艺术更远离物质,绘画不像希腊雕像那样是立体的,音乐只是时间性的,而诗则以感性形式为中介,表达出理念。浪漫艺术的主要代表是西方中世纪的基督教艺术。黑格

黑格尔《精神哲学》浅识

尔认为,艺术的对象就是自由的精神生活,艺术要符合这个对象,就不能局限于感性直观,必须诉诸人的内心世界和人的情绪情感,而理念与形象的融合只有在精神里才能完成。关于浪漫艺术,黑格尔在《美学》中是这样论述的,"艺术的对象就是自由的具体的精神生活,它应该作为精神生活向精神的内在世界显现出来。从一方面来说,艺术要符合这种对象,就不能专为感性直观,就必须诉诸简直与对象契合成为一体的内心世界,诉诸主体的内心生活,诉诸情绪和情感,这些既然是精神性的,所以就在本身中希求自由,只有在内在精神里才能找到它的和解。就是这种内心世界组成了浪漫型艺术的内容,所以必须作为这种内心生活,而且通过这种内心生活的显现,才能达到表现"。

§562

所以,浪漫艺术就放弃了通过外在性来显示神,神性既在外在性中,同时又是脱离外在性的内心情感,这样外在感性形式就只是作为偶然性出现。比如歌剧就通过音乐的外在性、诗通过文字的外在性,表达了内在理念。

说明:艺术发展的三个阶段表明,艺术越来越摆脱物质性、外在性,而趋向于精神性、内在性。但是,艺术不能完全摆脱感性形式的局限性,即便是浪漫艺术,它的形式也不足以表现理念即绝对精神。所以艺术必然要过渡到宗教的表象形式,这种形式既有感性成分,又有思想的成分。

关于艺术与宗教的关系,黑格尔认为,绝对精神的进展是有逻辑必然性的。首先是宗教崇拜的方式,继而是世俗的自我意识即对人的意识,与此一起,还有民族的伦理本性、自由、宪法、艺术和科学等等,所有这一切构成一个整体系统。这个系统是由精神创造的和由精神推动的,这样的见解就是宗教史和世界史的重合这个见解的根据。

§563

　　宗教与艺术是密切相关的,艺术只能属于宗教,艺术在真正的宗教里有其未来。于是,艺术的直观便过渡到启示的宗教,也就是从直接的、束缚于感性的知,过渡到自身内自我中介着的知,过渡到一种知的定在,即过渡到启示。

第八章　启示的宗教

在《精神哲学》中,黑格尔对宗教的阐述也很简略,要想更具体地了解他的宗教哲学思想,可以参阅《宗教哲学讲演录》一书。在《宗教哲学讲演录》中,黑格尔详细论述了宗教哲学的对象和任务,上帝与理念、精神、思想、自我意识的同一性,还把宗教分为"特定的宗教"和"绝对的宗教"两大类。在论述绝对的宗教即基督教之前,他对巫术(直接的宗教)、中国古代的宗教、印度教、佛教、波斯教、叙利亚宗教(苦难的宗教)、埃及的宗教、犹太教(崇高的宗教)、希腊的宗教(美的宗教)总共十种特定的宗教做了论述。在《精神哲学》中,黑格尔的论述集中在绝对的宗教,绝对的宗教就是基督教,又被称为"启示的宗教"。

§564

真正的宗教,它的内容必须是绝对精神,并且它是启示的宗教,即被上帝启示的。因为上帝作为精神,作为无限的自为存在,作为一种可被认知的东西,它完全就是一种显示。基督教中的绝对精神或上帝,它不再是显示它的抽象环节,而是显示自身。

说明: 在这里黑格尔又在批判天主教,因为天主教认为个人无法通过自己认识上帝,必须依靠教会和神父的帮助。对此黑格尔认为,如果一种明确称为"启示的宗教",却又宣称它的教徒不能直接认识上帝,那么它就是自相矛盾的。在这种宗教里没有上帝的启示,教徒对上帝一无所知,那它跟异教有何两样呢?

基督教是启示的宗教,它的上帝就是绝对精神,"精神"这个词就包含着启示的意思。黑格尔在《小逻辑》中明确说过,"上帝是什么,它必须显示出来,必须启示出来",上帝显示自己,或者将自己启示给人类,这就是启示宗教的本质。

有一种观点认为,把上帝作为精神来把握是困难的。当然,这种把握光靠一些信仰的朴素观念是不够的,必须进展到思维,继而进展到反思的知性,最后要进展到概念思维。必须这样来理解上帝:上帝只有就其知自己本身而言才是上帝,进而上帝的自知就是上帝在人里面的自我意识和人对上帝的知,而人对上帝的知则进展于人在上帝中的自知。这就是说,上帝必须将自己启示于人的意识,因而上帝是可知的。上帝可知就意味着,人都具有上帝精神。因此,人的自知,就是上帝在人里面的自我意识,也就是人对上帝的知;或者反过来说,人知上帝,就是自知。

§ 565

上帝或绝对精神,就内容而言是自在自为存在着的精神,就形式而言最初就是表象。上帝对信徒来说就是个全知全能全善的白胡子老头。这个表象,一方面使上帝成为诸现象和事件,另一方面,又在对绝对精神的信仰中被扬弃了。这就是说,表象与绝对精神的内容结合起来了。

§ 566

上帝的概念区分在三个领域,也就是上帝显示自身的三个环节,它们分别是:

普遍性环节,上帝的永恒的内容;

特殊性环节,上帝的永恒本质与它的显现的区别,这个显现是它的内容进入现象世界;

个别性环节,现象回归本质内容,或外化世界与永恒内容的统一。

§ 567

上帝作为普遍性显现在:上帝是纯粹的思想或永恒的本质,它就是绝对精神,它是一个预先假定的东西,但它不是自我封闭的。按照因果性的反思规定,它是创造了自然界的实体性力量,其中最重要的是创造了人。上帝与人有别,上帝是精神,人是动物,但上帝扬弃这种区别,让个体性的人具有精神,这样上帝与人就具有同一性。所以,人具有精神,这是上帝(绝对精神)普遍性的显现。

§ 568

上帝作为特殊性显现在:上帝这个永恒本质是预先假定的东西,而它的运动就是创造现象,它一方面创造了自然界,另一方面创造了与自然界有关联的人。人是有精神的,因为人与自然界相关联,所以人的精神是有限精神。这个有限精神正因为与自然相联系,因而具有自然性,自然性就是恶。但同时人的精神又向往着上帝,人与上帝是处在外在联系中。所以,自然界和人是上帝特殊性的显现。

§ 569

上帝作为个别性显现在:上帝作为永恒的本质化身为一个具体的人,这就是耶稣。耶稣是具有自我意识的个别的人,上帝把这个与上帝精神同一的人放入时间中,也就是让他有生有死,同时让耶稣扬弃了自然性的恶。耶稣让自己受到审判,被钉在十字架上而死,耶稣的死是回归上帝精神,即个别性与普遍性的

§573

哲学是对上帝内容的必然性认知，也是对艺术和宗教的两种形式的必然性认知：艺术是外在直观，它的形式是外在启示；宗教是精神直观，它的形式是内在启示。所以，哲学是从艺术和宗教的片面性中解放出来，它的认知是形式与内容的同一，也就是对绝对精神即宇宙根本规律的认知。哲学是对概念的把握，也就是对绝对精神的知。达到对绝对精神的知，哲学就完成了它的使命。

黑格尔在《美学》中指出，绝对精神的三个领域——艺术、宗教、哲学的区别，只是绝对精神呈现于意识的形式上的区别。艺术的形式是一种直接的感性认识，宗教的形式是表象的意识，哲学的形式则是概念认识，是对绝对精神的自由思维。由此可见，艺术的缺陷在于借外物认识绝对精神。宗教是精神直观，上帝离开艺术的对象性，而转入人的内心，在人的内心中呈现上帝表象。宗教的内在主体性表现在对上帝的"内心虔诚态度"，而不像艺术那样表现于外在的感性物，从这点看，宗教要高于艺术。但是，宗教对表象的虔诚，依然不是最高形式的内在性，仍然带有艺术的外在性，因为宗教毕竟还需要一个表象。只有自由思维才是最高的认知，哲学就是这种自由思维。

说明：上帝是一切人的真理，这个信念需要以个人的精神来证明，而个人的精神最初是世俗的和知性的。由于这样，知性哲学就指出宗教信仰中的种种矛盾，将宗教内容有限化，实际上是取消了上帝。这就导致宗教反对知性哲学，进而对所有哲学都表现出敌意。现在重要的是，必须指明宗教与哲学的内容是同一的，宗教的上帝和哲学的上帝是同一个上帝。而宗教与哲学的形式是有区别的，宗教对上帝是表象认识，哲学对上帝是概念认识。思辨哲学不是知性哲学,思辨哲学与宗教是"合一"的,因而不值得宗教来反对。

宗教与哲学在内容上是同一的,在形式上有区别。由于不理解这一点,所以人们或是指责思辨哲学中"太少上帝",是无神论,或是指责思辨哲学中"太多上帝",是泛神论。前一种指责(无神论指责)本身只有上帝表象的内容,却无上帝概念的形式,看不到上帝精神是普遍性,而思辨哲学从宗教中既认识到自己的内容,又认识到自己的形式。因此指责思辨哲学是无神论,实质是一种排挤。这表明黑格尔认为哲学高于宗教。

后一种指责主要来自一种新神学,这种新神学使宗教仅仅成为一种主观的情感,否认上帝是概念,因而他们的上帝只是一个没有客观规定的空泛的上帝。没有客观规定的空泛的上帝,这在一切宗教里都有。比如,印度人对猴子、牛的崇拜,埃及人对公牛的崇拜;尤其在东方的宗教中,印度的《薄伽梵歌》是印度婆罗门教的经典,它的内容不仅可称为泛神论,甚至应该称为多神论;德拉勒汀是伊斯兰教苏菲派诗人,他的两行诗集《训言集》,是典型的伊斯兰教泛神论神秘主义,实际上是对自然东西的神化。

人们往往把伊利亚学派和斯宾诺莎哲学称为泛神论,其实这是不正确的,因为他们并没把上帝等同于自然界,从而使上帝成为有限的,他们只是把上帝理解为实体。

上述这些宗教都是把上帝和上帝同自然界的关系建立为某种表象,这个表象只是普遍性,而没有它的现实性。而哲学则更进一步认识到上帝是本质。知性总是把本质与现象分开,把上帝与自然界分开,从而怀疑上帝与自然界的联系。而黑格尔认为,上帝是本质,这个本质必然会作为现象而显示于自然界。

对哲学一知半解的人,只知道空洞的同一性。他们认为哲

第三篇 绝对精神

学就是同一性体系，他们把上帝和自然万物视为简单的同一，进而认为每个个体的东西就其直接性和特殊性而言就是上帝。因此，这些对哲学一知半解的人就说，哲学主张上帝与自然界的同一性，他们把上帝和自然界都看作实体性，因而就推论说，在哲学理念里，上帝是由上帝和自然界合成的，这就是泛神论的观点，并把这个观点归之于哲学。

黑格尔指出，对于上帝和同一性的研究，正如对认识和概念的研究一样，就是哲学本身。

§574

哲学是概念认识，哲学的概念，就是思维着的理念，认知着的真理。哲学概念就是一种具有普遍性的逻辑范畴，它的内容通过现实性得到证明。这就是说，哲学又回到了它的开端即逻辑学，逻辑范畴外化为自然界（自然哲学），自然现象上升到纯粹原则（精神哲学），达到对绝对精神的认知，这个绝对精神就是宇宙最大的客观规律，而这个规律的框架结构就是逻辑学。

§575

这个循环的过程表述为三种推论。第一个推论以自然界为中项，这个中项把逻辑范畴和精神结合起来，逻辑范畴向自然生成，自然则向精神生成。

§576

第二个推论以精神为中项，它把逻辑范畴与自然界结合起来。黑格尔解释说，哲学显现为一种主观性认识，这种认识的目的是自由。那么逻辑范畴就是主观性认识，这种认识的自由就是要外化为自然界。

黑格尔《精神哲学》浅识

§577

第三个推论以逻辑范畴为中项,它把自然和精神结合起来。这个中项把自身分裂为精神和自然,前者是概念,后者是存在。由于概念的规定性决定着自己必然要发展,这个发展就是由精神外化为自然界。

上述循环的过程就是理念本身的过程,即逻辑学、本体论和认识论的统一,这个统一的结果就是绝对精神。当人的精神达到哲学的认识,就与绝对精神合而为一,从而达到了精神的最高境界和最高形态。至此,黑格尔的精神哲学宣告终结。

图书在版编目（CIP）数据

黑格尔《精神哲学》浅识 / 曹音著 . —上海：
上海三联书店,2022.7
（读懂经典丛书 / 方立平主编）
ISBN 978-7-5426-7693-1

Ⅰ.① 黑… Ⅱ.① 曹… Ⅲ.① 黑格尔（Hegel, Georg
Wehelm 1770–1831）—哲学思想—研究 Ⅳ.① B516.35

中国版本图书馆 CIP 数据核字（2022）第 042827 号

黑格尔《精神哲学》浅识

著　　者 / 曹　音
读懂经典丛书(第二辑) 主编 / 方立平

责任编辑 / 方　舟
审　　读 / 周大成
装帧设计 / 方　舟
监　　制 / 姚　军
责任校对 / 张大伟　王凌霄
校　　对 / 莲　子
策划统筹 / 7312 · 舟父图书传媒工作室

出版发行 / 上海三联书店
　　　　　（200030）中国上海市漕溪北路 331 号 A 座 6 楼
邮　　箱 / sdxsanlian@sina.com
邮购电话 / 021-22895540
印　　刷 / 上海惠敦印务科技有限公司

版　　次 / 2022 年 7 月第 1 版
印　　次 / 2022 年 7 月第 1 次印刷
开　　本 / 710mm × 1000mm　1/16
字　　数 / 140 千字
印　　张 / 11.5
书　　号 / ISBN 978-7-5426-7693-1/B · 773
定　　价 / 56 .00 元

敬启读者,如发现本书有印装质量问题,请与印刷厂联系 021-63779028